Danksagung

Ich danke meiner Frau Sigrid, die meine schwäbischen Urtexte ins verständliche Hochdeutsch übersetzt hat.
Ich danke ihr für die Geduld in den Jahren, in denen ich noch nicht gelassen Auto fahren konnte.
Ich danke all den unbekannten Autofahrern für die Situationen im Straßenverkehr, die mich dazu angeregt haben, etwas in mir und an meinem Verhalten zu ändern.

Ich wünsche mir in Zukunft, viel mehr geniale Gelassenheit auf den Straßen zu erleben.

Klaus Kampmann
Ostfildern 2010, Berlin 2017

Tipps zum stressfreien Autofahren

Idee, Text und Grafiken Klaus Kampmann

1. Auflage 2010
2. Auflage 2012
3. aktualisierte und erweiterte Auflage 2017

ISBN Hardcover: 978-3-7323-2045-5
ISBN Paperback: 978-3-7323-2044-8
ISBN E-Book: 978-3-7323-2046-2

Grafiken Seite 69,101: Robert A. Lau, www.braingency.de
Grafiken von presentermedia.com auf den Seiten:
7,25,26,38,50,54,59,65,67,68,71,111,116,120,122

Vorwort:

Manchmal beneide ich die amerikanischen Autofahrer: Cruisen statt Rasen. Entfernungen werden nicht in Kilometern oder Meilen angegeben, sondern in Fahrzeit. Denn vor dem generellen Speed Limit sind alle gleich, unabhängig von den Pferdestärken. Dann wiederum beneidet alle Welt uns, da man nur in Deutschland das Pedal bis zum Anschlag durchdrücken darf. Und wer ordentlich Bumms unter der Haube hat, der will's auch wissen. Da spreche ich aus Erfahrung. Früher bestieg ich morgens oft mein Auto mit dem Gefühl, abends würde ein Pokal verliehen. Einmal habe ich den sogar bekommen – als Tagesschnellster in der Radarkontrolle. Doch nach ganz schnell kommt ganz langsam. Als Fußgänger hat man dann wieder viel Zeit nachzudenken. Nach zwei weiteren Abstandsunterschreitungen war mein Punktekonto in Flensburg prall gefüllt und ich erneut Fußgänger. Ein Termin beim Verkehrspsychologen wurde mir nahegelegt, um Punkte abzubauen. Das war vor sieben Jahren. Nun fahre ich frei von Punkten trotz 525 PS geballter Kraft. Das geht nur mit Gelassenheit. Nirgendwo in der Welt findet eine solche Metamorphose statt, wie wenn ein deutscher Autofahrer sein Auto besteigt. Drängler und Raser, rückspiegelamputierte Linksfahrer, Oberlehrer und Verkehrserzieher sowie PS-besessene Egomanen teilen sich die Fahrbahn. Manche Menschen sind wie ausgewechselt, sobald sie in ihre Blechbüchse steigen. Gelassen Auto fahren lernen, heißt für's Leben lernen. Stress haben wir im täglichen Leben ohnehin schon genug. Soll jetzt neben dem Langzeitstresshormon Cortisol nun auch noch das schnelle Stresshormon Adrenalin ansteigen? Soll uns der Herzinfarkt vor dem Burnout ereilen? Lernen Sie die gelassene Art der amerikanischen Autofahrer mit den Annehmlichkeiten des manchmal immer noch unbeschränkten Tempos auf deutschen Autobahnen zu verbinden. Dieses Buch liefert Ihnen wertvolle Tipps – die Ihnen nicht nur beim Autofahren helfen werden ...

Herzlichst Ihr
Dr. med. Michael Spitzbart
September 2010

Inhaltsverzeichnis

Einführung

Autofahren scheint für manche Menschen ein besonderer Zustand zu sein. Ansonsten friedliche Bürger werden innerhalb kürzester Zeit wütend, wenn sie im Straßenverkehr nicht vorankommen.

Auch für mich war das Autofahren früher immer eine besondere Herausforderung – nicht wegen des Fahrens, sondern wegen derer, die mich nicht so fahren ließen, wie ich es wollte.

- Wie oft habe ich in unpassenden Momenten überholt und Glück gehabt?
- In wie vielen Staus habe ich schon wütend geschimpft?
- Wie oft bin ich total fertig und genervt aus meinem Fahruntersatz ausgestiegen, wenn ich dann endlich am Ziel ankam?

Das alles gehört jetzt der Vergangenheit an, denn ich habe gelernt, mein Gefährt in genialer Gelassenheit zu lenken.

In diesem Buch finden Sie sofort umsetzbare Tipps, um in alltäglichen Fahrsituationen gelassener reagieren zu können. Stress lösen – schneller als die Polizei erlaubt.

Viel Spaß und Erfolg beim Lesen, Lachen und Probieren wünscht Ihnen Klaus Kampmann, ehemals aufgeregter Verkehrsteilnehmer.

Nehmen Sie sich täglich ein paar Minuten Zeit. Probieren Sie möglichst viele der im Buch beschriebenen Methoden und finden Sie dadurch die für Sie persönlich am besten passenden heraus. Denken Sie daran: Probieren geht über Studieren. Wer dieses Buch nur leserisch konsumiert, verzichtet auf das tolle Gefühl, mit einfachen Übungen Erfolg und Spaß zu haben. Das Tun ist entscheidend. Und es ist auch meine Erfahrung, dass es sich stets lohnt, neue Dinge auszutesten. Tun Sie ihrem Gehirn diesen Gefallen, möglichst immer wieder.

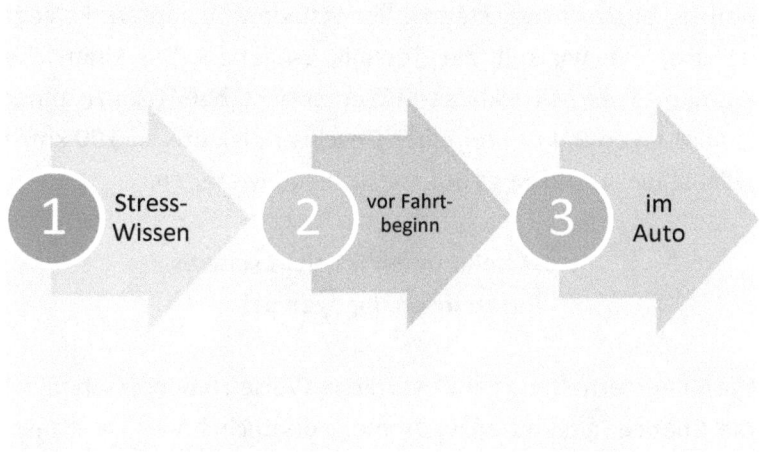

Das Buch ist in der „man"-Form geschrieben damit es einfacher zu lesen ist. Gemeint ist also stets auch "frau".
Ich lade Sie ein, mit dem Buch zu arbeiten. Sie haben an vielen Stellen die Möglichkeit, Notizen zu machen. Scheuen Sie sich nicht, die Seiten umzuknicken und Texte zu markieren, schreiben Sie Randnotizen – erst dann wird es zu Ihrem Buch und Ihnen Nutzen bringen.

Kapitel 1 – Informationen zum Thema Stress

Stress im Straßenverkehr führt zu Fehlreaktionen und Fehleinschätzungen. Stress erleben heißt, sich den Emotionen ergeben. Wir wollen nicht warten, wir wollen frei fahren, wir haben einen Termin. Das sind nur einige Gründe, die uns dazu bewegen, schneller zu fahren. Wir reagieren emotional darauf und drücken aufs Gaspedal, und genau diese Reaktion führt zur häufigsten Unfallursache: zu hohe Geschwindigkeit.

Obwohl die Autos immer sicherer und robuster werden, können sie uns nicht vollständig vor Schaden bewahren. Es liegt an uns, wie wir mit der Technik umgehen. Die kinetische Energie eines Mittelklasse-KFZ entspricht bei 10 km/h einer Fallhöhe von 2,4 m. Bei einer Geschwindigkeit von 100 km/h wächst diese allerdings auf stattliche 40 Meter an.

Stress bekommen ist nicht schwer,
ihn zu lösen dagegen sehr.

Wenn wir lernen, uns auf natürliche Weise zu beherrschen, ist die Chance, gesund anzukommen, deutlich höher. Je stressfreier wir unterwegs sind, desto sicherer ist das Autofahren für uns und die anderen Verkehrsteilnehmer.

Sie können sich ab heute die Absicht setzen, in Zukunft gelassener zu fahren. Machen Sie sich und allen anderen Verkehrsteilnehmern dieses sinnvolle Geschenk, am besten jeden Tag neu – so kann sich eine Haltung entwickeln, die sich nach einiger Zeit als stressfreies Autofahren bezeichnen lässt.

Die meisten Unfälle entstehen durch emotionales Fehlverhalten!

Pro Jahr werden in Deutschland ca. 300 000 Verkehrsunfälle mit Personenschaden von der Polizei aufgenommen. Alle 13 Sekunden passiert ein polizeilich erfasster Straßenverkehrsunfall. Alle 13 Minuten geschieht ein Unfall unter Alkoholeinfluss. Quelle www.dvr.de

Fahren Sie deshalb achtsam!

Der Deutsche Verkehrssicherheitsrat e. V. bietet auf seiner Homepage www.germanroadsafety.de/ eine kostenlose mehrsprachige App zu den wichtigsten Verkehrsregeln.

Fahren wir Auto, sind wir in einer Blechbüchse gefangen oder geschützt. Wir sind auf jeden Fall nicht frei. So oder so ähnlich wird es wohl von den älteren Gehirnarealen interpretiert.
Wir sind also per se schon einem höheren Stresspegel ausgesetzt als sonst. Je nach Stimmungslage lassen wir uns dann auch leichter vom Verkehr stressen. So kennen wir das.

Bei manchen Fahrern wird scheinbar ein Jagdtrieb ausgelöst. Sie hetzen anderen hinterher oder müssen vor einem bestimmten Auto in der Reihe, an der Ampel oder sonstwo sein. Heruntergebrochen kann man sagen: Autofahrer handeln nicht logisch, wenn es eng wird, sondern psychologisch. Und das ist schon die Krux an der Sache. Menschen handeln bei belastenden Geschehen ähnlich absurd, aber doch auch mit sehr individuellen Zügen.

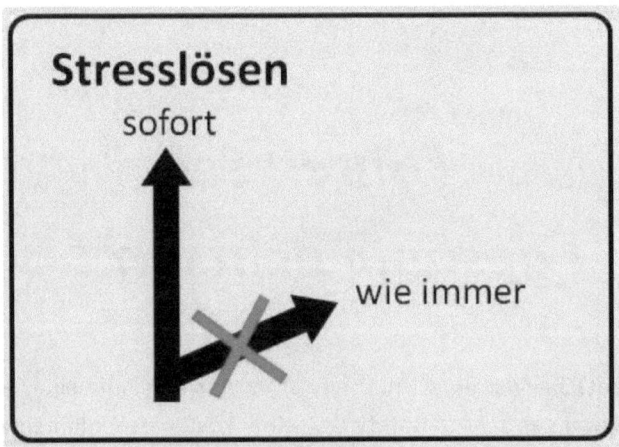

Warum ärgern wir uns, wenn wir im Straßenverkehr nicht schnell genug vorankommen?

Wir haben die Macht des Gaspedals!
Nur ein kleiner Druck darauf genügt, und wir können über eine Tonne Material herrlich schnell beschleunigen.
Können wir aber nicht so, wie wir wollen, dann gibt es einen Konflikt. Dieser wird im limbischen System, das ist der Teil des Gehirns, in dem unser Gefühlshaushalt stattfindet, als Ärger verbucht. Da unser Gefühlszentrum evolutionär um einiges älter ist als unser ach so schlaues Denkerhirn, kommen dann die älteren Rechte eher durch. Wir fühlen Stress, und die Gedanken fangen an, um ein Thema zu kreisen. Die Themen im Straßenverkehr haben häufig den Namen „Vordermann", „Stau", „Zeitdruck".

Warum werden wir beim Autofahren wütend?

Grundsätzlich, weil wir trainiert haben, auf eine bestimmte Art zu denken und Situationen zu beurteilen. So verursacht ein als Drängler wahrgenommener Verkehrsteilnehmer ein immer gleiches Reaktionsmuster. Aus der Erkenntnis „Drängler hinter mir" wird das Gefühl „Angst, Wut, Aggression ... – und daraufhin werden im Körper die passenden Stresshormone produziert. Bleibt die Situation über einen längeren Zeitraum erhalten, vergrößert sich der Stresspegel und der Körper braucht dann entsprechend länger, um sich wieder zu beruhigen, wenn der Drängler endlich weg ist.

Die Kunst ist nun, in der gleichen Situation ein neues Verhalten, am besten durch eine positivere Beurteilung, anzunehmen.

Wenn wir die Chance wahrnehmen, Situationen neu (gefälliger) zu beurteilen, können wir uns eine Menge Stress sparen. Mit Gedanken wie: „Die sollen doch richtig fahren!" werden wir uns immer wieder in der Stressschleife wiederfinden. Alle Gedankenmuster, die mit „der oder die sollen" beginnen, bringen uns in schlechte Laune, nicht aber unbedingt die anderen. Also heißt es, sich selbst an die Nase zu fassen und mit den Erkenntnissen aus dem Buch loszuleben.

Die Lösung, um Stress am Lenkrad abzubauen, kann einfach sein. Es kommt lediglich darauf an, an etwas Anderes zu denken. Verlassen Sie die Denk- und Erfahrungsroutine des Ärgerns und **denken Sie neu**. In diesem Buch sind einige praktische Tipps aufgeführt, die Wege beschreiben, ein günstigeres Reaktionsverhalten anzunehmen und so den Stress zu vermindern. Gehen Sie immer wieder spielerisch an diese Veränderungen heran, bis Sie sich nach einiger Zeit zu einer Gewohnheit ausgebildet haben.

Die generelle Lösung heißt:

Denken Sie an etwas Anderes!

Stressauslöser im Straßenverkehr

Der ADAC[1] hat in einer Umfrage ermittelt, dass fast alle Autofahrer schon einmal Opfer aggressiven Verhaltens auf Deutschlands Straßen geworden sind. Gerade weil das Auto den Fahrer anonym macht, verhalten sich die Menschen deutlich kämpferischer. Doch man ist nicht wirklich anonym, ein Blick auf die Nummerntafel verrät viel über den Fahrer. Lassen Sie sich also nicht dazu verleiten, Dinge zu tun, die Sie später bereuen könnten. Gerade wenn die Emotionen hochkochen und der Verstand schon weitgehend abgeschaltet ist, passieren Unfälle, Vergehen und Verbrechen. Und an dieser Stelle kann nicht einfach gesagt werden, weil der oder die mich durch das langsame Fahren geärgert hat und ich es eilig hatte, bin ich halt einmal bei Rot über die Ampel gefahren und dann ist es passiert, sondern es gehört eindeutig in den Bereich der Selbstverantwortung, auch in schwierigen Situationen rechtens zu agieren.

Zu den schlimmsten Stressoren im Verkehr zählen laut einer Umfrage des ÖAMTC Zeitdruck, Staus, Baustellen, Links- und Mittelspurfahrer sowie Autofahrer, die sich aggressiv verhalten. So kommen doch einige Auslöser zusammen, die wohl schon jeder Autofahrer einmal zu spüren bekommen hat.
Unter Zeitdruck, der oft ein Auslöser für ein Stressverhalten ist, lassen sich viele Autofahrer zu höherer Geschwindigkeit verleiten. Es wird die Macht des Gaspedals ausgenutzt. Doch

---

1 https://www.adac.de/infotestrat/

das hat schwerwiegende Konsequenzen, man gefährdet dabei sich und die anderen Verkehrsteilnehmer. Mehr als ein Viertel aller Unfälle passieren durch emotionales Fehlverhalten aufgrund von überhöhter Geschwindigkeit und zu geringem Abstand. Und über 30 % der Unfälle haben mit Abbiegen und Vorfahrtsregeln zu tun. Auch hier ist die Annahme, dass ein Mensch unter Stress eher einen Fehler begeht als jener, der gelassen am Steuer sitzt.

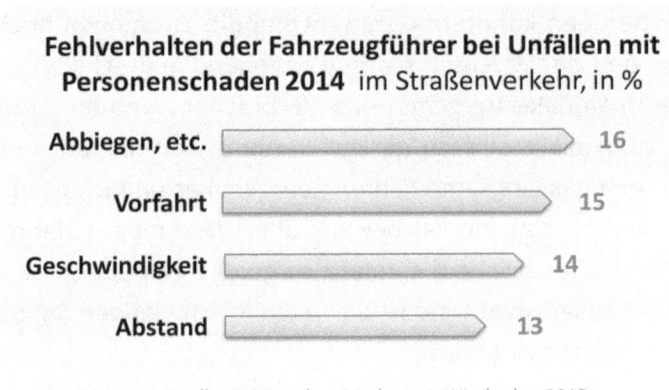

Fehlverhalten der Fahrzeugführer bei Unfällen mit Personenschaden 2014 im Straßenverkehr, in %

Abbiegen, etc.	16
Vorfahrt	15
Geschwindigkeit	14
Abstand	13

Datenquelle: Statistisches Bundesamt, Wiesbaden 2015

Schnell zu fahren passiert nicht nur unter Zeitdruck, denn es ist ein mächtiges Gefühl mit einem hohen Spaßfaktor. Es bringt so manchen in einen Geschwindigkeitsrausch, der Moment wird als äußerst positiv erlebt. Und genau diese emotionale Ablenkung kann zu Unachtsamkeit und Selbstüberschätzung mit dramatischen Folgen führen. Es ist ein Risiko, das besonders junge Menschen, die noch nicht so viel Fahrerfahrung besitzen, häufig unterschätzen. Dabei ist der Fahrspaß das eine und das hektische Fahren wegen Zeitmangels das andere. Dass das Hereinholen „verlorener" Zeit durch schnelles Fahren nicht wirklich gelingt, sollte sich schon herumgesprochen haben. Über Jahrzehnte hinweg öfter wiederholte Testfahrten von Automobilclubs beweisen, dass ein Raser im Gegensatz zum Normalfahrer auf der Strecke München – Hamburg nur einige Minuten gutmachen kann, dafür aber viel mehr Verschleiß an Mensch und Maschine erzeugt. Eine kleine Beispielrechnung verdeutlicht das: Wenn man versucht, eine Strecke mit 120 km/h in einer festgelegten Zeit zu bewältigen, es aber auf der Hälfte der Strecke wegen Stau und Baustellen nur mit 80 km/h vorangeht, dann würde das bedeuten, dass in der zweiten Weghälfte mit durchschnittlich 240 km/h gefahren werden muss, um das Zeitziel einzuhalten. Es ist also recht unrealistisch, dass dies funktioniert.

Ein Blick in die Statistik zeigt uns, dass es bereits 1924, als knapp 300.000 Fahrzeuge im Deutschen Reich registriert waren, zu Unfällen mit 1300 Verkehrstoten kam. Heute sind es mit 53 Millionen angemeldeter Kraftfahrzeuge, bei seit Jahren glücklicherweise sinkenden Zahlen, ca. 3.500 Menschen, die im Straßenverkehr ihr Leben lassen.

Dass manche gerne schnell fahren, ist keine moderne Erscheinung, denn schon im Jahr 1825 hat die Hamburger Polizei eine Verfügung wider das schnelle Fahren herausgegeben. Damals ging es wohl in den Gassen heiß her, der Originaltext liest sich so:

Polizey Bekanntmachung wider das schnelle Fahren.

Da in neuerer Zeit wieder mehrere Unglücksfälle durch schnelles Fahren verursacht worden sind, so findet sich die unterzeichnete Behörde veranlaßt, die Verfügung des Mandates vom 28. November 1825 im § 10 in Erinnerung zu bringen, nach welcher das schnelle Fahren der Wagen, besonders um die Ecken der Gassen, auf das schärfste untersagt ist und die Contravenienten nach dem Grade ihres Vergehens mit Geld- oder Leibesstrafen belegt werden sollen. Die Polizey-Officianten haben scharf auf etwaige Contraventionen zu vigiliren und selbige sofort anzuzeigen, insbesondere wenn die Kutscher dem Suffe sehr zugethan.

Hamburg, den 19. Oktober 1841
Die Polizey Behörde.

Aber auch die zunehmend vielen Staus kosten Zeit und Nerven. Laut Verkehrsdatenanalyst INRIX[2] liegt im Jahr 2015 Stuttgart mit durchschnittlich 73 Stunden Stau pro Jahr je Autofahrer an zweiter Stelle in Europa, gefolgt von Köln mit 71 Stunden. Karlsruhe und München befinden sich in diesem Vergleich auf Platz 7 und 8.
Rein mathematisch verbringt also ein in der Stuttgarter Umgebung lebender Mensch in 40 Arbeitsjahren ca. 1,5 Berufsjahre im Stau, das ist ganz schön viel unproduktive Zeit. So wäre es doch sicherlich besser, statt schnellere Autos lieber bessere Verkehrssysteme zu entwickeln. In der Studie liegt Deutschland insgesamt mit 38 Stunden Stau pro Autofahrer pro Jahr auf Platz drei in Europa, nach den Niederlanden und

---

2 http://inrix.com/scorecard/

Belgien. An der Abstufung lässt sich gut erkennen, dass die Staus nicht von der Landesgröße, sondern eindeutig von der Verkehrsdichte, Anzahl der KFZ, Anzahl der Straßenkilometer, Attraktivität des Ortes, den Baustellen und dem Benzinpreis abhängen, so die Erklärung von inrix.com, bezogen auf die sich jährlich verändernden Ranglisten.

Der Verkehr auf den Straßen wird jährlich spürbar zunehmend dichter. Es gibt immer mehr Autos, aber kaum mehr Straßenkilometer. Eine weitere Ursache liegt darin, dass es bis dato leider noch nicht gelungen ist, mehr Güterverkehr auf die Schiene zu bringen, so wie es seit Jahren versprochen wird. Es verhält sich genau andersherum: Seit 1990 ist das Schienennetz der Deutschen Bahn um ca. 2/3 geschrumpft. Wurden früher noch Betriebe, wie zum Beispiel der Stuttgarter Großmarkt, oder Steinbrüche mit den Waggons der Bahn direkt versorgt, so wird heute alles ausschließlich per LKW transportiert. Man schätzt, dass ca. 80 % aller Güter über Straßen hin- und hergefahren werden. Es ist also nicht nur gefühlt mehr Verkehr auf den Straßen, sondern auch tatsächlich. Ein Merkmal zeigt sich manchmal dahingehend, dass zwei Spuren parallel auf der Autobahn mit LKWs belegt sind[3].

Das führt zwangsweise zu mehr Staus und Behinderungen. Werden es mehr LKWs dann kann ebenfalls ganz klar davon ausgegangen werden, dass es auch mehr Baustellen geben wird – ganz einfach deshalb, weil ein LKW eine mehrtausendfache Belastung für die Straße darstellt, die dann folglich häufiger repariert werden muss.

---

3 Daten dieses Absatzes aus der SWR3-Sendung Odysso „Warum wir im Stau stehen".

Eine positive Information für alle erfahrenen Autofahrer; Der Frust über Staus und Baustellen nimmt mit zunehmendem Lebensalter ab. Junge Menschen, die noch nicht so viele Kilometer auf dem Buckel haben, lassen sich durch einen Stau deutlich mehr irritieren. Außerdem haben die Älteren auch gelernt, dass es nicht viel Sinn macht, ständig die Spur zu wechseln. Sie finden es besser, das schnelle Fahren in der Innenstadt bleiben zu lassen. Sie fahren tatsächlich immer vorausschauender und damit auch umweltverträglicher.

Fahrer von Elektroautos berichten auch immer wieder davon, dass es angenehm sei, ohne die typischen Geräusche eines Verbrennungsmotors, Schalten und Kuppeln vorwärtszukommen. Sie steigen gefühlt entspannter ein und nach der Fahrt auch wieder aus. Hierzu ein Interview:

„Herr Marsson, Ihr Unternehmen Berlin Event hat seinen Sitz in Berlin-Mitte, Sie fahren einen Tesla. Was hat Sie dazu bewogen, ein Elektroauto zu wählen?"

„Ich war schon immer umweltbewusst, das habe ich von meinem Vater, der im Umweltschutz aktiv ist. Als Elektroautos marktreif wurden, habe ich mich entschlossen, mich umweltschonender im Verkehr zu bewegen."

„Zuvor fuhren Sie sparsame Benziner und dann mit Autogas. Wie hat sich Ihr Fahrverhalten seit dem Umstieg verändert?"

„Die Aggressivität beim Fahren ist weniger geworden. Mit einem Elektroauto fährt man zwangsläufig vorausschauender. Ich habe keinen Zwang mehr, Gas geben zu müssen. Ich genieße es, gediegener und ruhiger bzw. leiser unterwegs zu sein."

„Welche praktischen Vor- und Nachteile erleben Sie?"

„Ich bestimme selbst, für welches Geld ich volllade. Zuhause geht das sehr günstig über Photovoltaikstrom oder ich lade tagsüber in der Firma auf. Auf jeden Fall fahre ich CO_2-klimaneutral durch die Stadt. Ich finde es praktisch, dass mein Auto zwei Kofferräume hat, so habe ich mehr Stauraum bei längeren Fahrten. Und ein schöner Nebeneffekt ist, dass ich mit mehr Menschen ins Gespräch komme.
Elektroautofahren bedeutet aber auch, sich mehr Zeit für die Planung und das Aufladen bei längeren Strecken zu nehmen. Bei mir hat das zu weniger Hetze und mehr Achtsamkeit im Straßenverkehr geführt."

„Viele können sich noch nicht für ein Elektroauto entscheiden, weil es u. a. noch nicht genügend Ladestationen gibt. Sind Sie mutiger als andere?"

„Mutiger, ja glaube schon. Ich habe von Anfang an den Umweltaspekt und das fantastische Fahrgefühl in den Vordergrund gestellt. Es gibt einige Apps, die einem die nächste Ladestation zeigen. Außerdem lässt sich ein Elektroauto wirklich an jeder gewöhnlichen Steckdose aufladen. Es ist halt ein Umdenken und anstatt drei Minuten zum Volltanken brauche ich nun 20 Minuten zum Aufladen."

Vielen Dank für das Gespräch.

Jegliche Form von Ablenkung neben dem Fahren benötigt Aufmerksamkeit. Diese zusätzliche Aufmerksamkeit kostet Energie, das wirkt sich auf die Konzentrationsfähigkeit aus, sie nimmt über den Verlauf der Fahrt unnötig ab. Vermeiden Sie deshalb Nebentätigkeiten beim Autofahren. Anstrengende Gespräche, Essen oder SMS-Schreiben sollten auf dem Parkplatz erledigt werden.

Blindflug vermeiden

Am Radio den Sender verstellen oder die Lüftung neu justieren – das sind alltägliche Handgriffe. Beim eigenen Auto gelingt das vielleicht mit einem kurzen Hinsehen. Doch man verschätzt sich zu leicht in der Zeit. Wird ein neuer Sender gesucht, kostet das Aufmerksamkeit für die Straße. Bei einem Tempo von 120 km/h verpasst man in nur 1,5 Sekunden Unaufmerksamkeit exakt 50 Meter Wegstrecke. Bei höherem Tempo wächst die Blindflugstrecke rapide an.

Je mehr Ablenkung, desto größer die Gefahr, dass Fahrfehler unterlaufen.[4]

Bei hohem Tempo kann schon ein seitlicher Blick auf das Autoradio einige hundert Meter Blindflug bedeuten.

Tippen auf Handy oder Tablet-PC ist beim Fahren ein absolutes Tabu.

Müdigkeit wirkt wie Trunkenheit!

Viele Autofahrer sind zu lange wach und überschätzen ihre Fähigkeiten. Dabei ist die Gefahr, durch den Sekundenschlaf einen Unfall zu provozieren, enorm. So lassen sich zum Beispiel 17 Stunden ohne Schlaf mit dem Reaktionsvermögen bei 0,5 Promille Alkohol im Blut vergleichen. Bei diesem Wert verdoppelt sich jedoch das Risiko, einen Unfall zu verursachen. Bei jeder weiteren Stunde Wachsein steigt das Gefährdungspotential rasant an. Übrigens sind aufgrund der verschärften Gesetze die Anzahl der Unfälle mit mindestens einem Beteiligten unter Alkoholeinfluss in den letzten zwanzig Jahren sehr deutlich, nämlich um 2/3, zurückgegangen[5]. Dasselbe gilt glücklicherweise auch für die Anzahl der Personenschäden.

---

4 Kognitive Psychologie, von Dirk Wentura, Christian Frings, Springer Fachmedien, Wiesbaden 2013, S. 85.

5 Zeitreihen des Statistischen Bundesamtes

Der Deutsche Verkehrssicherheitsrat (DVR) weist darauf hin, dass jeder vierte Unfall auf einem Sekundenschlaf beruht. Interessant ist in diesem Zusammenhang, dass die Unfallhäufigkeit nach der Zeitumstellung im März auf die Sommerzeit um 30 % steigt. Manche Menschen werden dadurch so aus dem Rhythmus gebracht, dass sie ein bis zwei Wochen nicht mehr wie gewohnt schlafen. Der fehlende Schlaf wirkt sich tagsüber durch Unkonzentriertheit aus.

Autofahren ist keine Nebensache, sondern benötigt die volle Konzentration. Regelmäßige Fahr-Pausen sind also sehr wichtig.
Die bekannten Anzeichen für drohenden Sekundenschlaf sind häufiges Gähnen, kurze Träume, fehlende Erinnerung an die letzten X-hundert Meter gefahrener Strecke, übersehene Verkehrsschilder, die Augen beginnen zu brennen, es wird häufiger geblinzelt und im Auge gerieben.
Bitten Sie Ihren Beifahrer, gerade bei Nachtfahrten, ebenfalls wachsam in Bezug auf Fahrverhalten und Körpersignale des

Fahrers zu sein. Kurzes Einnicken oder das unsichere Spurhalten sind Zeichen, sofort anzuhalten und mindestens eine Kurzschlafpause einzulegen. Bei längeren Fahrstrecken ist eine Schlafpause immer eine gute Wahl.

Das unbewegliche Sitzen hinter dem Steuer führt besonders bei längeren Fahrten sowohl zu einer verkrampften Haltung als auch zu einer Ermüdung. Damit das nicht passiert, können Sie sich angewöhnen, immer wieder mal so ganz nebenbei körperliche Aktionen zu starten. Das ist sehr einfach zu realisieren, hier einige Beispiele:

- die Schultern kreisen lassen oder hochziehen,
- Becken kreisen lassen, darauf stehen die Bandscheiben besonders, weil sie dann wieder mal „durchlüftet" werden.

Sie können auch versuchen:
- Ihre einzelnen Zehen zu bewegen,
- die Gesichtsmuskeln zu Grimassen zu verziehen,
- Muskelgruppen wie Oberschenkel kurz anzuspannen und wieder loszulassen,
- mit einer Hand das Lenkrad festzuhalten und sich mit der anderen auf die Schulter zu klopfen. Dabei können Sie sich auch loben, zum Beispiel dafür, dass Sie allein schon durch diese kleine Übung mehr auf sich achten. Sagen oder singen Sie ein Mantra etwa wie: „Ich fühle mich wohl, bin hellwach und begeistert." ☺

Thema Mann und Frau, wer von beiden fährt besser Auto?

Schriftliches Interview mit Klaus Kampmann, erschienen in „mobil und sicher – Das Verkehrswachtmagazin" 2/2016, www.mobilundsicher.de. Die Fragen wurden von der Chefredakteurin Frau Dr. Rita Bourauel gestellt.

1. Stress erhöht das Unfallrisiko im Straßenverkehr. Gibt es alters- und geschlechtsspezifische Unterschiede im Stressverhalten?
Man kann sagen, je mehr Erfahrung ein Autofahrer hat, desto ruhiger verhält er sich bei den wiederkehrenden ärgerlichen Situationen wie zum Beispiel: Stau oder Baustelle. Das Gehirn hat gelernt, dies als gegeben hinzunehmen. Es kann aber sein, dass neu auftretende Situationen, die noch nicht bekannt sind, auch bei älteren Fahrern zu Stress führen. Frauen und Männer sind davon grundsätzlich gleichermaßen betroffen. Jedoch reagieren Frauen bei Stress im Straßenverkehr anders als Männer. Sie fahren auch in belastenden Situationen weiterhin rücksichtsvoll und umsichtig. Männer leben ihre Wut am Steuer dagegen schon eher aus und gehen Risiken ein.

2. Kann man sich überhaupt davor schützen, im Stress nur als Reflexamöbe zu reagieren?
Wir können lernen, auch mit unvorhersehbaren Situationen gelassener umzugehen. Stress ist ein uraltes Schutzprogramm, welches aber in der heutigen Umgebung zu häufig aktiviert wird. Man kann sich gegen Stress schützen, indem man 1. versteht, wie die Abläufe sind, 2. seine Selbstachtsamkeit verbessert, 3. Stresslöse-Methoden übt, die gut funktionieren. Der Trick ist, Stress so früh zu erkennen, dass er sich auch leicht lösen lässt, also bevor die Stresshormone den Körper fluten. Ich empfehle den Menschen, ihre Resistenz

gegen Stress allgemein, die sogenannte Resilienz, auszubauen. Als Überbegriff kann man sagen, dass eine gesunde Lebensweise, die die Themen Schlaf, Ernährung, Bewegung und soziale Kontakte mit einbezieht, hilft, besser mit Belastungssituationen klarzukommen.

3. Können Anti-Stress-Trainings die Verkehrssicherheit erhöhen?

Auf jeden Fall hilft ein Stresslöse-Training dabei, ruhiger von A nach B zu kommen. Es wird gelernt, emotional klüger zu handeln, Überreaktionen werden vermieden. Da das jeweilige Verhalten bei Stress einen unbewusst eingeübten Vorgang darstellt, können durch Training auch andere Verhaltensweisen etabliert werden. Das Ergebnis ist eine deutlich umsichtige Fahrweise. Anstatt immer wütender zu werden, wenn es nicht vorangeht, und dann bei erster Gelegenheit mehr aufs Gaspedal zu drücken, um Dampf abzulassen und womöglich Unfälle zu provozieren, bleiben Trainingsteilnehmer gelassen und fahren konzentriert weiter. Sie kommen schlichtweg gesünder am Fahrziel an.

4. Was kann der Einzelne tun, damit er auch unter Stress sicher im Straßenverkehr mobil ist?

Auf keinen Fall mit Wut im Bauch ins Auto steigen und losfahren. Besser ein paar Minuten zügig gehen, damit die belastenden Gedanken verfliegen. In Stresssituationen hilft am besten, sich abzulenken, damit andere Gedanken und Gefühle aufkommen.

- Bei roten Ampeln kann die Warte-Zeit aktiv dazu genutzt werden, sich abzulenken. Zählen Sie alle roten Autos um sich herum und schätzen Sie, wie viel Prozent davon älter als drei Jahre sind.

- Ärgert Sie etwas, dann atmen Sie tiefer und länger ein und aus. Das beruhigt direkt das Nervensystem.
- Umklammern Sie das Lenkrad fester und lassen Sie es wieder los. Wiederholen Sie diese Übung 20-mal. Spannen und entspannen Sie auch andere Muskelgruppen.

Da es nichts bringt, über Situationen zu schimpfen, auf die wir keinen Einfluss haben, empfehle ich, Akzeptanz zu üben. Das schont die Nerven. Anstatt Energie fürs Beklagen verschwenden, lieber Gedanken für die Lösungssuche verwenden.

5. Sind Sie als Stress-Experte mittlerweile immun gegen Stress oder ist das nicht möglich?
Gar keinen Stress zu haben ist utopisch, wäre auch nicht sinnvoll. Aber im Vergleich zu früher, als ich kein Stressmanagement beherrscht habe, ist vieles leichter geworden. Ich kann von mir behaupten, dass Stresslösen als Verhalten mittlerweile so eingeübt ist wie das Einlegen des 3. Gangs beim Autofahren. Es geschieht automatisch. Ich habe mich darauf trainiert, aufkommenden Stress schon sehr früh wahrzunehmen und ihn fast zeitgleich loszulassen. Das gelingt bei 80 % aller Situationen ganz gut. Und dann gibt es noch den Bereich, den ich persönlich nicht so gut regulieren kann – Lärm oder unangenehme Gerüche stressen mich nach wie vor. Im Bereich Straßenverkehr rege ich mich manchmal kurz auf und entspanne mich dann schnell wieder, die allermeiste Zeit aber fahre ich gelassen.

Stress: eine Definition

Stress ist eine natürliche und hilfreiche Reaktion, die uns die Natur vor Urzeiten mitgegeben hat. Allerdings reagiert das persönliche Alarmsystem heute auch auf Reize, die keinesfalls lebensbedrohlich sind.

Wir wollen zum Beispiel frei fahren, aber der Vordermann bummelt so vor sich hin. Er fährt, als ob er alle Zeit der Welt hätte, und wir folgen ihm mit wachsender Ungeduld. Schon entsteht ein Gedanken-Konflikt. Und genau dieser Konflikt verursacht Stress!

Stress ist im Grunde genommen ein Konflikt der Gedanken.

Aufgrund dieser einfachen, aber weitreichenden Erkenntnis kann alles Mögliche die Ursache für Stress werden. Wenn eine Sache anders läuft, als wir es uns vorstellen, dann kommen ablehnende Gefühle in uns hoch. Diese lösen die bekannte hormonelle Umstellung aus, die als Stressreaktion bekannt ist. Dabei ist die Ursache wirklich egal, ob wir länger bei der Arbeit bleiben (müssen), die Kinder schreien oder am Ende des Monats kein Geld mehr übrig ist – Gründe für das unangenehme Gefühl kennen wir alle zuhauf.

Je intensiver die Situation als belastend wahrgenommen wird und je länger sie anhält, desto mehr Stress-Hormone sind im Körper unterwegs. Damit das erst gar nicht geschieht, lohnt es sich, das Stresslösen, wie auf den nächsten Seiten beschrieben, zu üben, um **beim Fahren einen klaren Kopf zu bewahren**.

Wir erleben eine Situation und wir **beurteilen** sie auf unsere Weise. Zeitgleich erzeugen wir die dazu gehörigen **Emotionen**.

Bei negativer Beurteilung bzw. ablehnender Haltung der Situation reagiert der Körper mit Stress.

Was ist der Ausweg?
Es gilt, den Stress früh zu erkennen und möglichst bald loszulassen – zum Beispiel indem wir an etwas Anderes denken, das uns in eine für uns angenehmere Stimmungslage bringt. Clever ist es, diese Schritte zu trainieren, so dass sie als Verhalten abrufbar sind.

Was passiert, wenn wir Stress aufbauen?

Im Körper:

Stress löst eine Flut an Mechanismen im Körper aus. Diese beeinflussen das Nervensystem und die Hormonbildung. Es werden „Stresshormone" gebildet, die den Körper in eine bessere Ausgangslage für das Flucht-Angriffs-Verhalten bringen. Diese nutzen uns aber nicht, wenn wir hinter dem Steuer sitzen. Im Gegenteil, die Hormone können noch stundenlang nach dem Ärger im Körper aktiv sein – weil sie beim Sitzen eben nicht abgebaut wurden. Und so lange diese aktiv sind, kommen wir nicht zur Ruhe. Aus diesem Grund sollte häufiger und insbesondere langanhaltender Stress vermieden werden.

Und wer sich beim Autofahren echauffiert, tut sich und anderen keinen Gefallen. Gestikulierend und mit hochrotem Kopf am Lenkrad kommt hauptsächlich nur eines in Gang, nämlich: der Bluthochdruck.

Im Gehirn:

Das Gehirn ist stetig in Betrieb, es denkt ständig. Wenn wir es alleine denken lassen, macht es Unfug, im Sinne von Ärger und Wut und Sorgendenken. Schon Herr Albert Einstein sagte: „Das Gehirn ist ein guter Diener, wenn es darum geht, Aufgaben zu lösen, aber ein schlechter Lenker, wenn man es alleine tun lässt, was es will."

Achten Sie mehr auf Ihre Gedanken! Immer wenn Sie merken, dass Sie etwas stört, Sie wütend oder genervt werden, lassen Sie diese Gedanken los, und denken Sie an etwas Anderes. An etwas, das Ihnen Freude bringt.

Häufig gedachte Gedanken verdichten sich im Gehirn, die Synapsenverbindungen werden gefestigt.

Wir lernen, egal ob unser Verhalten richtig oder falsch ist. So kommt es, dass wir auch immer wieder in die gleichen Stressfallen hineinfahren.

Ist es tatsächlich so schlimm, wenn morgens alle Ampeln auf dem Weg zur Arbeit Rot zeigen?

Es kommt darauf an: Haben wir es eilig? Sind wir vielleicht zu spät losgefahren? Wollen wir besonders früh irgendwo sein?

Je nach Tagesplanung und Erfahrung werden wir die Situation an einem solchen Tag auf der gefühlten „Schlimmskala" irgendwo unbewusst einordnen.

Wie war es denn in der Fahrschulzeit, als das Fahren gelernt wurde? Waren da langsame Autos ein Hindernis?

Eher nicht, denn damals war man noch mit Lernen beschäftigt und man hat andere Verkehrsteilnehmer lediglich als solche wahrgenommen. Die ganze Konzentration wurde gebraucht, um all die vielen kleinen Details beim Autofahren richtig zu machen. Mit zunehmender Verkehrssicherheit wurde dann diese Art der Interpretation anderer Autofahrer verlernt.

Ärger verkleinert den Denkhorizont

Wenn wir uns ärgern, geraten wir in eine Denkschleife, aus der es scheinbar keinen Ausweg mehr gibt. Je länger und stärker wir den Groll hegen, desto intensiver wird das Erlebnis im Gehirn gespeichert. Die Emotionen verstärken sich, und wir neigen noch mehr zum Tunnelblick, obwohl das in den meisten Situationen nicht angebracht ist. Also ist es wichtig, den Stress relativ früh zu erkennen und dann an etwas Anderes als Ärger oder Stress zu denken.

Stress entgegenwirken

Zum Stresslösen gibt es viele Wege und Mittel. Ideal wäre es, den belastenden Stress zu vermeiden. Teilweise kann das durch gute Vorbereitung und Planung erreicht werden. Neue Erfahrungen, Einsichten und das Anwenden von Entspannungstechniken helfen ebenso.

Allgemein gilt, dass das Stressempfinden antrainiert ist. Denn manche Menschen fahren generell entspannt, die Mehrzahl jedoch ärgert sich über alle möglichen Situationen. Autofahrer mit 20 oder mehr Jahren an Erfahrung regen sich kaum noch über einen Stau auf, da es ihr Gehirn gelernt hat, dass das Ärgern einfach nicht weiterhilft.

Im Folgenden werden vier Basislösungsansätze geschildert, die zu einer besseren Widerstandsfähigkeit gegen Stress, der sogenannten Resilienz, führen.

Bewegen

Grundsätzlich ist der Mensch für Bewegung gebaut. Mit dem richtigen Bewegungsprogramm können wir uns fit halten in Geist, Körper und Seele. Das haben schon die Römer erkannt. Denn die lateinische Redewendung „Mens sana in corpore sano" bedeutet, „ein gesunder Geist in einem gesunden Körper". Also achten Sie auf Ihren Körper, damit in ihm ein gesunder Geist hausen möge.

Richtig bewegen heißt, die zu Ihnen passenden Sportarten zu finden und in der passenden Intensität und Häufigkeit zu trainieren.

Sport hat den Vorteil, dass er auch in der Gruppe ausgeübt werden kann. Geselligkeit ist laut vielen Studien einer der Hauptfaktoren, um sich glücklich zu fühlen. Ist das Glücksgefühl größer als die empfundene Belastung, dann entsteht Zufriedenheit.

Fast alle Berufsgruppen sind einseitigen Belastungen wie langem Stehen oder Sitzen ausgesetzt. Und dann kommt da noch das Autofahren hinzu, wieder sitzen. Vor dem Fernseher sitzen. Vor dem Computer sitzen.

Wenn es uns gelingt, eine gesunde Grundauslastung mit Bewegung zu erzielen, dann hat das mehrere Vorteile, wie zum Beispiel: Muskelaufbau, erhöhte Fettverbrennung, Straffung, Beweglichkeit, Koordinationsfähigkeit, das cardio-vaskuläre System wird gestärkt. Und in unserem Fall ganz wichtig: Die Stressresistenz wird gesteigert.

Einige gute Lösungsansätze bieten die Erkenntnisse der NASA-Wissenschaftlerin Joan Vernikos. Sie untersuchte, wie leichte Bewegungen die Gesundheit fördern können, indem wir die Schwerkraft clever in unserem Alltag nutzen. Schon einfaches, kurzes mehrmals über den Arbeitstag verteiltes Aufstehen zeigt sehr positive Auswirkungen auf unseren Organismus. Die eine Stunde sportliche Aktivität am Abend führt wohl zur Zufriedenheit und gefühlten Fitness, gleicht aber die negativen Folgen eines „ausgesessenen" Tages nicht aus. Besser ist es, alle 15 – 20 Minuten kurz aufzustehen, sich zu strecken oder zu bücken. Übertragen auf das Autofahren heißt das, unbedingt häufiger Pausen machen – so wie es die Fahrer eines Elektroautos bei langen Strecken durch technische Stopps tun müssen.

Wie viel Bewegung haben Sie täglich?
Wie viel Bewegung haben Sie in der Woche?

Sport ist demnach kein Allheilmittel, sondern immer nur add-on. Denn Bewegung hilft auch, wenn sie langsam geschieht, etwa beim Dehnen oder bei Qigong und Tai-Chi, den chinesischen Meditations-, Konzentrations- und Bewegungsformen, welche zur Kultivierung von Körper und Geist dienen. Yoga hilft ebenso, aber nur, wenn es auch angewandt wird.

Ernähren

Über das, was und wie wir essen, haben wir einen enormen Einfluss auf unser körperliches Wohlbefinden.

Achten Sie im Sinne von stressfreiem Leben darauf, genügend Vitamine und Mineralien in frischer und natürlicher Form zu sich zu nehmen. Denn nur gesunde Nahrung kann Sie auch gesund erhalten.

Haben wir einen gesunden Stoffwechsel, dann ist auch die Stressresistenz höher. Fehlen uns wichtige Vitamine und Spurenelemente, sind wir anfälliger für Stresskrankheiten und werden schneller reizbar.

Achtung Abwärtsspirale: Wir kommen leicht in eine Abwärtsspirale, wenn wir uns schlecht ernähren. Wir werden stressanfälliger, dadurch emotional unausgewogener, und das wiederum verleitet häufig zur Kompensation durch Frustessen, neudeutsch auch „emotional eating" genannt.

Das Essen bzw. der Verzehr von Kleinigkeiten als Ersatz für Mangelgefühle oder Stress schleicht sich schnell als Verhalten ein. Ein erster Schritt zum Gegensteuern ist das Bewusstwerden. Ersetzen Sie in solchen Fällen Süßigkeiten gegen eine Birne oder anderes Obst, das Sie gerne mögen – Ihr Körper dankt es Ihnen.

Der Wissenschaftsjournalist Michael Pollan Autor fasst es nach aufwändiger Recherche am treffendsten mit seinem Buchtitel zusammen: „Essen Sie nichts, was Ihre Großmutter nicht als Essen erkannt hätte!"

Entspannen
Gezielt zu entspannen ist relativ einfach und sehr effektiv. Wenn man mehrmals täglich entspannt, beruhigt sich das Nervensystem nicht nur in dem jeweiligen Moment, sondern es speichert diese Erfahrung auch ab. Häufigeres Entspannen über den Tag verteilt macht uns deshalb insgesamt gelasse-

ner. Sind die Entspannungen tief genug und dauern sie einige Minuten, wird dadurch auch das Immunsystem gestärkt. Somit wird ein Gegenpol zur Stressreaktion gebildet.

Entspannungsformen wie die Achtsamkeitsbasierte Stressreduktion (Mindfulness-Based Stress Reduction – MBSR) bieten ein gutes Maß an Hilfe. Der mittlerweile emeritierte Professor Jon Kabat-Zinn[6] hat bereits in den 70ern des letzten Jahrhunderts in den USA dieses bekannte Programm zur Stressbewältigung entwickelt. Es funktioniert, indem der Stress durch gezielte Lenkung von Aufmerksamkeit und eine Reihe von Achtsamkeitsübungen nach und nach reduziert wird.

Menschen, die regelmäßig meditieren, berichten ebenfalls davon, eine stabilere Psyche zu haben und nicht so anfällig für die täglichen Stresssituationen zu sein. Viele Studien bestätigen das, es kommt also darauf an, immer wieder aktiv etwas für die eigene Gesundheit/Entspannung zu tun. Die Belohnung folgt umgehend.

Denken
Da die ersten drei Ansätze (Bewegen, Ernähren, Entspannen) im Auto nicht so direkt umsetzbar sind, beschäftigen wir uns in diesem Buch hauptsächlich mit Denk-Lösungen.

Solange Sie an alten Mustern festhalten, wird sich auch der Stress immer wieder auf die gleiche Weise zeigen. Probieren

---

[6] Im Alltag Ruhe finden: Meditationen für ein gelassenes Leben, Knaur 2015

Sie aus, welche Lösungen für Sie die besten Ergebnisse erzielen. Manche Methoden wirken sofort, manche wollen geübt werden. Seien Sie experimentierfreudig.

Eine gute Idee ist, die Gedanken auf das zu lenken, was erreicht werden soll, also eine Art positive Zielvorstellung. So wie es im Sport gemacht wird, um Athleten zu immer besseren Leistungen zu bringen. Beginnen Sie mit Ihrem eigenen Mentaltraining und gewöhnen Sie sich eine positive Haltung an, indem Sie sich gedanklich und emotional mit einer Zielvorstellung beschäftigen. Auf das Autofahren bezogen können es zum Beispiel Leitsätze wie: wenn ich achtsam fahre (gedanklich konzentriert), verbrauche ich weniger Treibstoff (Erfolgsgefühl) sein. Aber auch das bewusste wertschätzende Wahrnehmen der Umgebung beim Fahren bietet einen funktionierenden Ansatz.

Schenken Sie Ihrem Gehirn neue Erfahrungen!

Alle Menschen besitzen die wunderbare Fähigkeit, stets neu denken und damit auch neu handeln zu können. Was gestern noch als störend empfunden wurde, kann heute gedanklich neu bewertet werden. Der 1934 in Texas, USA, geborene Pastor Charles Swindoll hat hierzu der Welt ein schönes Zitat geschenkt:

Ich bin überzeugt, dass mein Leben zu 10 % aus dem besteht, was mit mir geschieht, und zu 90 % aus dem, wie ich reagiere.

Tipps für Fahranfänger

„Herr Virtler, Ihre Fahrschule VMAX in Berlin ist bekannt dafür, dass Sie die Ausbildung Ihrer Schüler mit modernem Coaching verbinden und so eine angenehme als auch nachhaltige Lernsituation schaffen.

Was meinen Sie, wie weit beeinflusst der Fahrlehrer den Fahrstil eines Anfängers in Bezug auf Ruhe und Gelassenheit?"

„Der Fahrlehrer sollte sich hier seiner Vorbildwirkung jederzeit bewusst sein. Gerade junge Menschen suchen Orientierung und Bestätigung. Dies trifft natürlich auch auf das Verhalten im Straßenverkehr zu. Ein Fahrlehrer, der in schwierigen Situationen ruhig und gelassen reagiert, überträgt seine Einstellung automatisch auf seine Fahrschüler. Das schafft natürlich auch eine angenehmere Atmosphäre für den Unterricht."

„Welche Tipps würden Sie einem Fahranfänger in Bezug auf stressfreies Autofahren mitgeben?"

„Mit ihrer Ausbildung in der Fahrschule haben sie bereits die besten Voraussetzungen geschaffen. Jetzt heißt es, weiter üben, Erfahrungen zu sammeln und sicherer werden.

Stressfreies Fahren hat vor allem etwas mit der inneren Einstellung zu tun und spiegelt oft unser sonstiges Verhalten. Die Vorteile eines ausgeglichenen Fahrstils sollten jeden überzeugen. Das heißt sicherer unterwegs sein, weniger Kraftstoffverbrauch, keine Strafzettel und erholter am Ziel ankommen."

„Wie erleben Sie den immer dichter werdenden Stadtverkehr?"

„Das ist für mich eine Frage der Betrachtung. Ich genieße jede Fahrt und nutze diese als Zeit für mich. Dabei spielt es für mich keine Rolle, ob ich im Stau stehe oder auf einer leeren Landstraße unterwegs bin. Ich schaffe hier ganz bewusst eine Wohlfühlatmosphäre. Diese beginnt beim Kauf eines Fahrzeuges mit der Wahl der Materialien für den Innenraum und geht bis zur Auswahl der Musik passend zum Anlass der Fahrt."

„Benötigen wir für mehr Sicherheit im Straßenverkehr mehr und strengere Verkehrsregeln?"

„Regeln an sich, sind gut und richtig. Mehr Regeln müssten dann auch mehr und systematischer kontrolliert werden.

Viel einfacher ist es doch, die guten und funktionierenden Umgangsformen und Normen des täglichen Lebens zu übernehmen. Diese, ergänzt durch einen ausgeglichenen Fahrstil ohne Ablenkung durch Telefon etc. – mehr ist für die Sicherheit im Straßenverkehr doch gar nicht notwendig."

Vielen Dank für das Gespräch.

Je früher Sie bemerken, dass Sie Stress verspüren, desto einfacher lässt es sich ihm methodisch gegensteuern. Installieren Sie deshalb ein Frühwarnsystem, das Ihnen hilft, Stress schneller als gewohnt zu erkennen.

Achtung Bummler voraus

Beispiel: Sie fahren mit dem Auto einem anderen KFZ hinterher und bemerken, dass der Vordermann ungewöhnlich langsam unterwegs ist. Viele Menschen bleiben in einer solchen Situation einfach nicht gelassen. Sie ärgern sich über das Verkehrshindernis vor ihnen. Was machen wohl die meisten Menschen in einer solchen Situation?

In Seminaren und Coachings habe ich das Verhalten öfter abgefragt. Zuallererst wird auf das Nummernschild geschaut: Woher kommt diese Schlafmütze? Dabei unterliegen alle Nummernschilder mit einem anderen Herkunftszeichen als dem eigenen automatisch dem Feindbild-Modus. Fährt eine

Bulette (B) durch Brandenburg (BRB) ist diese sofort als Verkehrsbremse ausgemacht. Andersherum gilt das aber genauso! Ab jetzt startet ein witziger Automatismus. Der Vorfahrer wird noch genauer unter die Lupe genommen und alle anderen Angelegenheiten scheinen nun unwichtig für das Gehirn und die Psyche. Im Prinzip ist es ein Fokussieren auf den Schmerz bzw. auf das, was das Schmerzempfinden auslöst.

Nach dem KFZ-Herkunftscheck wird die Automarke und ggfs. die Farbe unter die Lupe genommen. Aha, signalisiert dann das Gehirn. In der Datenbank der Bummler scheinen manche Automarken sehr auffällig häufig vertreten zu sein. Kann an dieser Stelle nicht überholt werden, dann wird schon mal gerne gehupt oder aufgefahren, auf jeden Fall aber lautstark kommuniziert. Besondere Tage wie zum Beispiel Wochenenden und feiertags wird dann noch nachgeschaut, ob Mann oder Frau oder Mann mit Hut oder die Steigerung von allem die gehäkelte Klorolle und Wackel-Dackel im Fond installiert sind.

Schaut man sich den Energieverlauf an, so steigt die Empfindung vom leichten Ärger hin bis zur Wut, wenn nicht frühzeitig etwas dagegen unternommen wird. Hat der Körper angefangen, Stresshormone zu produzieren und sie im Körper zu verteilen, ist alles zu spät. Je mehr Botenstoffe wie Adrenalin und Kortisol unterwegs sind, desto schwieriger ist es, ruhig zu bleiben.

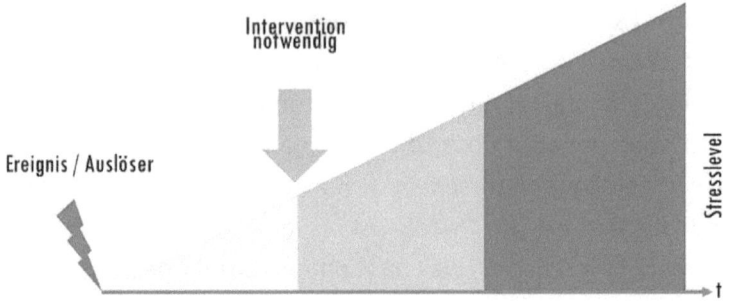

Stellen Sie sich jemanden vor, der schreiend über den Hof läuft! In dieser Lage ist es unmöglich, ihn innerhalb von Sekunden auf null zu bekommen. Im Körper herrscht der Ausnahmezustand, Stressbotenstoffe haben sich in jeder Faser des Körpers eingenistet. Um diese wieder abzubauen, benötigt es Zeit. Das sind Minuten oder auch Stunden, bis sich das Nervensystem wieder beruhigt hat. Es sind aber auch Minuten und Stunden, in denen die Emotionen die Oberhand über das Denken haben. Und in genau solchen Momenten werden fatale oder auch gefährliche Entscheidungen getroffen. Das Adrenalin im Körper unterstützt die Bereitschaft zum Kampf, der Mensch ist bereit, ein höheres Risiko a) einzugehen, und b) gleichzeitig unterliegt er einer Fehleinschätzung, weil sein Denkhirn in diesem Moment nicht als voll funktionsfähiger Mitspieler bereitsteht. Wie in der Unfallstatistik gezeigt, sind es häufig Fehlverhalten aufgrund nicht gezügelter Emotionen, die zu Unfällen führen.

Erkennen wir, dass uns Ärger, Unzufriedenheit o. Ä. beschleicht, dann wenden wir eine Schnellentspannungsmethode an. Diese hat dann besonders gute Chancen, sofort zu wirken, weil die Ärger-Energie noch sehr gering ist.

Das Früherkennen hilft in allen Lebenslagen!
Üben Sie ab sofort, Stress früh zu spüren,
denn dann lässt er sich am leichtesten lösen.

Die folgenden zwei Methoden sind leicht einzustudieren und helfen im täglichen Leben besser im Sinne von schneller, um auf Belastungen reagieren zu können.

Beobachten Sie sich selbst

Angenommen, Sie fahren in eine Baustelle und erkennen, dass es dort eine längere Umleitungsstrecke gibt. Sie merken, Sie werden sich verspäten.

Was passiert nun mit Ihrem Körper?

- Verkrampfen sich die Hände am Lenkrad?
- Beißen Sie unbewusst die Zähne aufeinander?
- Macht sich ein mulmiges Gefühl in der Magengegend breit?
- Fühlen Sie eine Art Stechen oder Drücken im Brustbereich?

Achten Sie auf die kleinste körperliche Wahrnehmung. Trainieren Sie das so gut Sie können. Am Anfang kann es sein, dass Sie die Verspannung erst später bemerken, das ist ok. Das ist der erste Schritt. Wenn Sie jedoch dabeibleiben und sich weiterhin selbst beobachten, werden Sie mit der Zeit ein feineres Gespür für Ihre Körpersignale bekommen.

Der Körper liefert gute Hinweise auf unseren Erregungszustand, die Gedanken aber auch.

Was passiert mit Ihren Gedanken?
- Mensch, ich bin schon wieder zu spät!
- Warum gerade heute diese Baustelle?
- Wäre ich doch gleich anders gefahren!

Achten Sie auf Ihre Gedanken.
Sind Sie frei oder hängen Sie in der Situationsschleife?

Wenn Sie merken, dass ihre Gedanken zu sehr mit der Verkehrssituation „Umleitung" beschäftigt sind, dann denken Sie einfach etwas Anderes. Nachfolgend erhalten Sie Tipps, wie einfach das gehen kann.

Starten Sie ab jetzt das Stressfrüherkennungsprogramm – körperlich, gedanklich und auch gefühlsmäßig!

Kapitel 2 – Vor dem Losfahren

Befragungen haben ergeben, dass die Autofahrer häufig auf den letzten Drücker losfahren. Das führt unweigerlich zu Anspannung und Hektik. Sie können dem ganz elegant entkommen, wenn Sie etwas früher losfahren, als Sie müssten. So generieren Sie etwas Zeitreserve.

Neue Neuronen-Verknüpfungen

Falls Sie es gewohnt sind, jeden Morgen den gleichen Weg zur Arbeit einzuschlagen, dann nehmen Sie sich doch mal für die nächste Zeit vor, nach neuen Wegen Ausschau zu halten. Vielleicht entdecken Sie auf der Hinfahrt eine Abkürzung und auf der Rückfahrt etwas, das Sie bereichert.

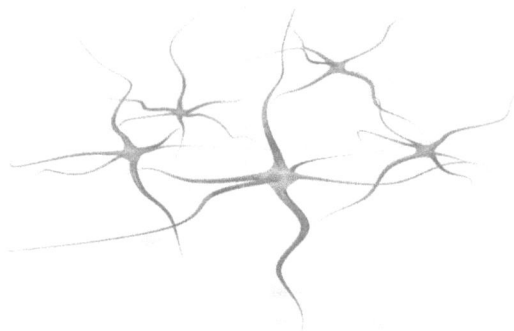

Tanken Sie immer an derselben Tankstelle? Fahren Sie immer zum gleichen Bäcker? Könnten Sie einen Kollegen mitnehmen oder sich mit ihm abwechseln? Ist es eine gute Idee, auch ab und an mit den öffentlichen Verkehrsmitteln zur Arbeit zu fahren?

Das Gehirn liebt Abwechslung, erlösen Sie es von zu viel Eintönigkeit und verändern Sie ab und zu Ihren Fahrweg.

Richtig sitzen!

Machen Sie es sich beim Fahren bequem. Sorgen Sie für eine angenehme und möglichst entspannte Körperhaltung.

Viele Menschen nehmen eine relativ verkrampfte Sitzposition ein, das bedeutet, dass sie sich beim Autofahren generell anstrengen und somit schon einen körperlichen Stress vorprogrammieren. Dann genügen bereits kleine äußere Stressreize, um den Fahrer aus dem seelischen Gleichgewicht zu bringen. Manche kleben förmlich an der Windschutzscheibe und strengen so ihre Nackenmuskeln stark an. Gleichzeitig fehlt es ihnen an einem sicheren Rundumblick und Wahrnehmung des seitlichen Verkehrs. Aber auch das Gegenteil, das zu entspannte Herumlungern im Auto (wie im Liegestuhl) mit Augen auf Lenkradhöhe, ist nicht von Vorteil. Richten Sie Ihren Sitzplatz in Ihrem Auto so angenehm wie möglich und dabei auch optimal für die Rundumsicht und das Bedienen der Schaltelemente ein. Wenn Sie sich nicht sicher sind, dann Fragen Sie andere wie es aussieht, wie Sie im Auto sitzen, und nehmen Sie gegebenenfalls Korrekturen vor.

GENGA-Methode

Nehmen Sie sich schon vor dem Losfahren vor:

GENial **G**elassen **A**nzukommen.

Malen Sie sich in Ihrer Fantasie jetzt schon das Bild aus, wie Sie am Ziel rechtzeitig und entspannt aus dem Auto steigen. Beflügeln Sie Ihre Vorstellung, indem Sie sich die folgenden Fragen stellen:

- *Wie würde es sich anfühlen, entspannt anzukommen, welchen Gesichtsausdruck hätte ich dann?*
- *Wie würden Sie sich dann bewegen?*
- *Was würden Sie denken?*

Diese geistige Vorwegnahme des gewünschten Ergebnisses fördert die Möglichkeit, dass es auch so kommt. Gedanken, Gemüt und Körper stellen sich auf ein positives Ergebnis ein. So ähnlich üben auch Sportler, indem sie immer wieder das Ziel vor Augen haben und den Zieleinlauf visualisieren.

Was an Bord nützlich ist

Ob eine Fahrt kurz oder lang dauert, kann man auch bei kürzesten Strecken nicht genau wissen. Aus diesem Grund empfiehlt es sich, einige Utensilien ständig an Bord zu haben, die die schlimmsten Folgen ungeplanter Situationen mildern können.

Notizblock und Schreibgerät

Legen Sie sich griffbereit einen Notizblock mit Schreibgerät ins Auto. Denn beim entspannten Fahren können Ihnen immer wieder gute Ideen kommen, die Sie dann möglichst zeitnah aufschreiben können. Ein Diktiergerät oder Smartphone ist dafür ebenso praktisch.

Kaugummi

Nervosität macht sich auch in den Kiefergelenken bemerkbar. Viele Menschen beißen daher unbewusst die Zähne zusammen oder reiben diese aufeinander, sobald es stressig wird. Das tut den Zähnen und den Kiefergelenken nicht gut. Viel entspannter und eleganter ist es, einen zuckerfreien Kaugummi zu kauen – der, wenn man der Werbung Glauben schenkt, auch gleich noch als Zahnhygieneinstrument dienlich ist und frischen Atem verleiht.

Handtrainer

Mit einem Satz Handtrainer können Sie einen Teil der Anspannungen über die Handmuskeln abbauen. Trainieren Sie mit dem Handtrainer nur, wenn es die Fahrsituation erlaubt.

Handtrainer gibt es in verschiedenen Ausführungen: mit Stahlfeder oder aus Schaumstoff. Wenn Sie sich zwei Handtrainer leisten, können Sie bei Fahrpausen beide Hände synchron trainieren. Es eignen sich aber auch Stressbälle oder andere verformbare Teile.

Es geht aber auch ganz ohne Hilfsmittel, indem man die Faust kraftvoll und schnell öffnet und schließt. Nach 30 oder mehr Zyklen mit hohem Tempo wird die Hand gewechselt.

Wasser

Trinken hilft! Nicht nur gegen Durst, sondern auch, um die Leistungsfähigkeit unseres Immunsystems aufrechtzuerhalten. Augen, Nase und Mundschleimhäute trocknen eher aus, wenn die Klimaanlage benutzt wird. Da ist es gut, immer wieder mal einen Schluck (stilles) Wasser zu sich zu nehmen.

Die Regel, bei längeren Autofahrten nichts zu trinken, um nicht an der Raststätte anhalten zu müssen, macht wenig Sinn. Zum einen benötigt der Körper Flüssigkeit, und die sollte er stets bekommen. Zum anderen ist ein Stopp immer eine gute Unterbrechung der Fahrroutine. Gönnen Sie Ihrem Skelett- und Muskelapparat diese Bewegung. Die Zeiten, in denen man sich vor den Toiletten in den Autobahnraststätten fürchten musste, sind ja bekanntermaßen vorbei.

Wassermangel macht sich übrigens als Erstes im Gehirn bemerkbar: Die Konzentration sinkt, die grauen Gehirnzellen schrumpfen und benötigen mehr Energie bei gleicher Aufgabenstellung.[7]. Gleichzeitig kann ein Mangel an Flüssigkeit zu Kopfschmerzen führen und auf die Laune drücken. Unterstützen Sie Ihr Immunsystem und Ihr Gehirn, indem Sie insbesondere auf langen Strecken genügend trinken.

Eine einfache Möglichkeit ist es, sich anzugewöhnen, eine persönliche Trinkflasche mit Wasser gefüllt bei jedem Einsteigen ins Auto mitzunehmen.

7
http://www.researchgate.net/publication/7707380_The_effects_of_dehydration_on_brain_volume_--_preliminary_results

Technischer Minicheck

Besonders vor längeren Fahrten ist es sinnvoll, Reifendruck, Ölstand, Scheibenwischwasser etc. zu checken. Haben Sie Werkzeug im Auto, wissen Sie, wie es funktioniert und wo es verstaut ist?

Warum ein Navi sinnvoll ist

Der Verkehrsschilderwald stellt eine Herausforderung dar, besonders, wenn man sich auf fremdem Terrain bewegt. Auf 50 Meter Wegstrecke können schon mal zehn Hinweisschilder auftauchen. Ist man ortsunkundig auf einer mehrspurigen Straße, kann das schon zur Verwirrung führen. Moderne Navis könne da gute Hilfsmittel sein. Sie zeigen die aktuell erlaubte Geschwindigkeit an und warnen, wenn man möchte, mit einem Ton-Signal, falls man schneller fährt als vorgeschrieben. Die verschiedenen Hinweise – akustisch und optisch – sollen dabei unterstützend wirken und den Fahrer nicht noch durch zu ein Zuviel an Informationen in Stress bringen. Auf bekannten, aber langen Strecken ist das Navi ebenfalls praktisch, weil es die Staunachrichten technisch vorverdaut und in Lösungswege umwandelt.

Planen Sie längere Fahrten gut

Beginnen Sie schon vor dem Losfahren, Stress zu vermeiden. Hitze, Kälte, Lärm sowie Durst und Hunger verursachen Stress. Was stresst Sie oder Ihre Mitfahrer sonst noch? Machen Sie sich Gedanken darüber, was alles passieren kann.

Alles, was sich von vorneherein bereits an Stress oder Unbill durch gute Planung vermeiden lässt, hilft enorm. Denn: Passiert etwas, das man hätte gut vorhersehen können, zum Beispiel, dass die Winden vergessen wurden, dann ist das Geschrei groß. Die Gedanken und Sätze beginnen dann mit „hätte" und enden meist in einem Disput mit sich oder anderen. Berücksichtigen Sie deshalb schon bei der Planung der Reise, dass Baustellen, Umleitungen oder Staus Zeit kosten können. Anstelle der schnellstmöglichen Strecke könnten Sie die schönstmögliche Strecke planen. Die Reiseplanung mit dem PC macht es einem leicht, Reisestopps mit Erlebnis- bzw. Entspannungscharakter in die Reisegestaltung einzubeziehen. Pausen fernab der Autobahn helfen, von der Monotonie einer langen Fahrt abzulenken. Sehen Sie Höhepunkte vor, die den Urlaub bereichern. Aussichtspunkte, Denkmäler, historische Stätten oder Museen können schon auf dem Weg in den Urlaubsort für eine entspannte Stimmung sorgen.

Sehen Sie die Reise an sich schon als Teil Ihres Urlaubes an.

Steigen Sie und alle Mitfahrer mit einem Lächeln auf den Lippen ins Auto.

Gute Laune ist ansteckend und gute Laune kann selbst produziert werden. Erinnern Sie sich an schöne (gemeinsame) Erlebnisse und unterhalten Sie sich mit Ihren Fahrgästen darüber. Sammeln Sie positive Situationen, komische Geschichten, Witze auf einem Notizblock und verwenden Sie diese bei längeren Ausflügen als Ablenkung.

Manche Familien singen ihre Urlaubslieder und bringen sich so eine ganze Fahrt lang in Stimmung.

Sind Sie alleine unterwegs, dann beginnen Sie ein positives Selbstgespräch ☺

- „Hast du die Führerscheinprüfung bestanden?"
  „Nein, ich bin leider durchgefallen."
  „Wieso das denn?"
  „Ich habe einen Geisterfahrer überholt."

- In der Auto-Werkstatt:
  „Meister, was ist nun mit meinem Auto?"
  „Sagen wir es einmal so: Wenn Ihr Auto ein Pferd wäre, müssten wir es erschießen!"

- Wenn ein Mann seiner Frau die Wagentür öffnet, ist entweder der Wagen neu oder die Frau.

- Ein Manta-Fahrer zum anderen:
  „Ich hab mir'n Duden gekauft!"
  „Und? Hast'n schon eingebaut?"

- Was waren die letzten Worte des Fahrlehrers?
  „Die Ampel ist rot ..."
  „Parken Sie bitte dort an der Kaimauer."

Kommunikation mit anderen Verkehrsteilnehmern.

Halten Sie sich bitte an die Grundregeln der Höflichkeit, so wie Sie es einmal in der Fahrschule gelernt haben. Falls die anderen nicht so höflich sind wie Sie, dann gehen Sie trotzdem mit gutem Beispiel voran.

Wenn Sie jemanden an der Kreuzung vorlassen wollen, dann signalisieren Sie das mit einem kurzen Lichthupensignal, Handzeichen oder Kopfnicken. Und wenn Sie einmal vorgelassen werden, dann heben Sie als Danke-Zeichen die Hand in der Mitte der Windschutzscheibe, so dass Sie vom entgegenkommenden und nachfolgenden Verkehr gut zu sehen ist. Die Hand zu heben gilt auch allgemein als Entschuldigung, falls Sie einmal unbeabsichtigt jemanden geschnitten haben oder ohne Blinker abgebogen sind. Kommunizieren Sie mit den Beteiligten, das hilft, Verständnis auf- und Frust abzubauen. Je entspannter und eleganter Sie sich als Teilnehmer im Straßenverkehr verhalten, desto besser.

Nehmen Sie Rücksicht bei älteren Verkehrsteilnehmern und bei ortsunkundigen Fahrern. Nehmen Sie am besten den Fuß vom Gas und halten einen guten Abstand ein. Zeigen Sie, dass Sie gute Manieren haben und reagieren Sie verständnisvoll, wenn andere sich ungeschickt anstellen.

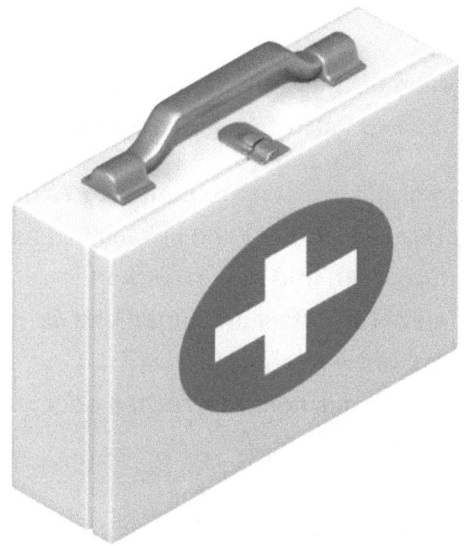

Legen Sie sich eine Erste-Hilfe-Stressbox ins Auto. Diese soll für vorhersehbare Ereignisse stresslindernd wirken.

Der Inhalt besteht aus praktischen Begleitern, die helfen, Stress zu vermeiden und die gängigsten Alltagssituationen zu meistern. Dazu gehören in aller Regel: Wasserflasche, zuckerfreier Kaugummi, Papiertücher, Spiele für Kinder, Kopfkissen, Kleingeld, Sonnenbrille mit Putztuch, Taschenlampe, Notizblock mit Kugelschreiber und ein Energieriegel – und dazu noch Ihre persönlichen Utensilien, die helfen, ruhig zu bleiben. Im Winter erweitern Sie den Inhalt am besten mit: Eisschutzfolie für die Windschutzscheibe, Eiskratzer, Enteisungsmittel, aber auch Decke, Handschuhe, Mütze, Schal.

Denn wenn Sie einmal länger stehen und Sie den Motor bzw. die Heizung aus Energiemangel abstellen müssen, dann werden Sie froh sein, wenn Sie sich dick einpacken können.

Heute haben die meisten Menschen ein **Smartphone** dabei und das kann im Auto auch sehr gute Dienste leisten:

- als Kommunikationsinstrument zum Telefonieren (mit Freisprecheinrichtung) und um Hilfe zu rufen, Nachrichten zu lesen und zu verschicken,
- als Kamera für Unfallaufnahmen und Sonstiges, was sich zum Knipsen lohnt,
- zum Notizen machen, gesprochen oder geschrieben,
- als Navigationsgerät,
- als Parkplatzfinder,
- als Taschenlampe,
- zum Nachschauen bei Fragen, als Wissensbank,
- als Spielgerät für Mitfahrer,
- als Informationsmedium zum Beispiel: Nachrichten über das Web anschauen bzw. nachlesen,
- als Bibliothek für Bücher (E-Books) und Hörbücher,
- als Musikabspielgerät (MP3-Player),
- als Fernseher für unterwegs (Streamingdienste),
- um damit zu arbeiten.

Nutzen Sie die technischen Vorteile eines Handys und laden Sie sich eine Parkplatz-App herunter. Das spart Nerven bei der Parkplatzsuche und beim Wiederfinden des abgestellten Autos.

Ins Handschuhfach gehören auf jeden Fall die wichtigsten Rufnummern für Notfälle, also Pannenhilfe, Versicherung, Automobilclubs, Sperrung von Bank,- Kredit- und Handykarten. Bei Fahrten ins Ausland informieren Sie sich vorher über die Straßenverkehrsordnung und legen Sie sich zur Sicherheit die internationale Versicherungskarte und die Rufnummer der deutschen Botschaft dazu.

Verstauen Sie die Dinge immer am gleichen Ort. Also Werkzeug zum Beispiel immer im Kofferraum. Taschenlampe und Straßenkarte immer im Handschuhfach.

Dieses Ordnungsverfahren aus dem Bereich des Zeit- und Selbstmanagements hat gleich mehrere Vorteile:

a) Das Ordnunghalten wird geübt.
b) Das Suchen entfällt, das spart Zeit und nützt insbesondere bei stressreichen Situationen.
c) Mit einem Blick kann meist gut kontrolliert werden, ob alles da ist.
d) Das Verfahren kann auch gut auf andere Orte wie Schreibtisch oder Küchenschublade übertragen werden.

Erste-Hilfe-Stressbox Inhalt:

Auf der Liste   an Bord

_____   ☐

_____   ☐

_____   ☐

_____   ☐

_____   ☐

_____   ☐

_____   ☐

_____   ☐

_____   ☐

_____   ☐

_____   ☐

_____   ☐

_____   ☐

_____   ☐

_____   ☐

_____   ☐

_____   ☐

Kapitel 3 – Allgemeine Stresslöse-Tipps

Die folgenden Tipps sind in allen möglichen Verkehrssituationen einsetzbar. Probieren Sie aus, welche Ihnen davon am besten weiterhelfen und Erfolg bringen.

- **Scheibenwischertrick**
  Machen Sie den Scheibenwischer an, und stellen Sie sich vor, wie er den Stress wegwischt.
  Falls es gerade nicht regnet und deshalb die anderen blöd schauen, dann lächeln Sie einfach zurück.

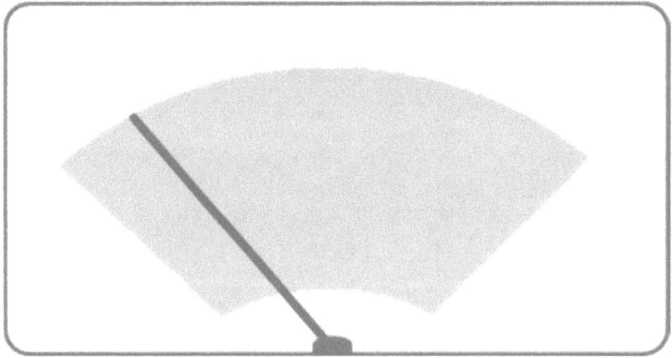

Wenn Sie ein guter Visualisierer sind, dann schaffen Sie das auch, ohne den Scheibenwischer anzustellen. Sie projizieren ihn vor Ihr geistiges Auge auf die Windschutzscheibe und sehen – wisch, wisch – der Stress ist weg.

Sind Sie gerade nicht aktiv im Straßenverkehr, dann können Sie auch Ihre Finger zu Hilfe nehmen. Wischen Sie mit Ihrem Finger ca. 20 cm vor Ihrem Auge hin und her. Verfolgen Sie mit den Augen den Finger und halten Sie Ihren Kopf dabei ruhig. Sie können die Geschwindigkeit variieren und merken dabei, dass der Ärger schwindet.

- **Atemmuster**

Setzen Sie sich so bequem und aufrecht hin wie möglich, lockern Sie eventuell Ihren Gürtel. Versuchen Sie beim Einatmen in den unteren Bauchbereich zu atmen.

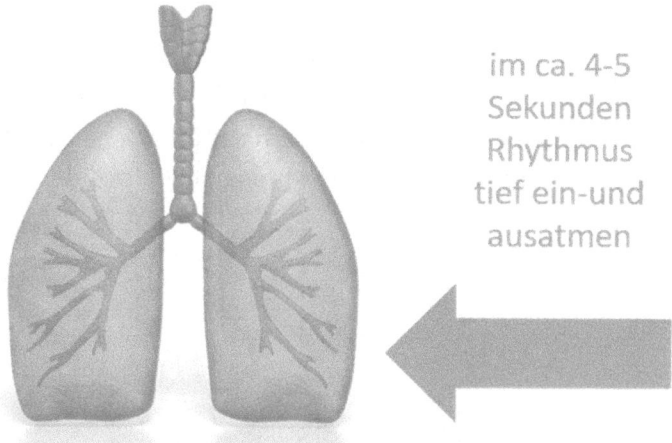

im ca. 4-5 Sekunden Rhythmus tief ein-und ausatmen

Zählen Sie beim Einatmen im Geiste bis auf fünf, was einer Dauer von vier bis fünf Sekunden entsprechen sollte. Beim Ausatmen zählen Sie dann von fünf auf eins herunter. Wenn Sie dazu ein Geräusch machen, indem Sie die

Luft durch die geschlossenen Zahnreihen ausblasen, bekommen Sie eine auditive Rückmeldung. Das hilft, die Dauer besser einzuschätzen, und es ist eine große Hilfe, um sich besser auf das Ausatmen konzentrieren zu können.

Sie werden bei dieser Technik in der Regel etwas tiefer ein- und ausatmen als sonst. Das ist gut so, dadurch wird das vegetative Nervensystem ein Stück weit beruhigt.

- **Auf der Brücke**:
Schließen Sie die Augen und stellen Sie sich vor, auf einer Brücke zu stehen und in einen Bach zu schauen. Das Wasser des Baches ist Ihr Bewusstsein, es fließt so dahin. Irgendwo mündet der Bach in das Meer; spüren Sie die Weite des Meeres. Mit jedem Ausatmen entspannen Sie sich mehr, und die Anspannung fließt mit dem Wasser davon.

Planet *Soso.*
Auf die Art der Betrachtung kommt es an – eine Geschichte aus der Nachbargalaxie.

Stellen wir uns vor, es gäbe einen Nachbarplaneten, der so geschaffen wäre wie die Erde. Die dortigen Bürger allerdings würden keinen Ärger kennen, nicht wissen, was Stress ist, und noch nie jemanden wütend erlebt haben. Irgendwie ist der Planet von negativen Emotionen verschont.

Schauen wir uns mal eine typische Situation aus dem Autoalltag an.

Ein Einwohner fährt morgens mit seinem Auto über die Landstraße zur Arbeit. Eigentlich wollte der Bürger um 7:30 Uhr im Büro sein, um abends etwas früher nach Hause gehen zu können. Aber auf dem Weg zur Arbeit ist heute Stau, weil Kanalisationsarbeiten anstehen.

Was macht nun unser Bürger vom Planeten *Soso*? Er fährt an den Stau heran und weiß, dass es keine Ausweichmöglichkeit gibt. Er schaut auf die Uhr und bemerkt, dass er sicher später als 7:30 Uhr in der Firma ankommt.

Dann sagt er sich *„soso"* und die Sache ist gegessen. Das machen dort alle so. Wenn irgendetwas nicht so läuft wie geplant, sagen Sie einfach *„soso"* – so einfach ist das.

Soso ist ein mentales **Sorgenfrei-Elixier,** das völlig kostenfrei in unbegrenzter Menge für jeden jederzeit und überall zur Verfügung steht. Menschen auf dem Planeten *Soso* bekommen es direkt mit der Muttermilch, das hält dann ein Leben lang.

Wir hier auf der Erde brauchen das Elixier nur mental zu beantragen, und schon haben wir es auch in uns. *Soso.*

Stressbarometer

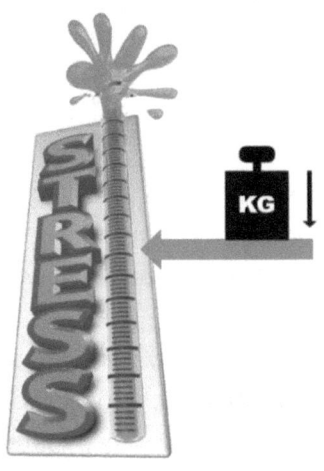

Stellen Sie sich ihr eigenes Stessbarometer vor. Es hat eine Skala von eins bis zehn. Eins ist ganz unten und bedeutet, Sie haben keinen Stress – bei zehn könnten Sie locker das Lenkrad durchbeißen.

Wenn Sie in einer Verkehrssituation zum Beispiel einen Erregungsgrad von fünf auf Ihrer internen Skala spüren, dann hängen Sie an den Zeiger der Skala ein schweres Gewicht. Stellen Sie sich vor, wie das Gewicht den Zeiger nach unten zieht. Gleichzeitig spüren Sie, wie sich Ihr Stressempfinden verringert. Je weiter die Anzeige sinkt, desto entspannter werden Sie.

Die folgenden Übungen sind anregend für Ihr Gehirn. Übungen mit anspruchsvollen Mustern benötigen relativ viel Aufmerksamkeit. Machen Sie diese also nur, wenn Sie sich fit fühlen.

Bei jedem Lernen neuer Bewegungsmuster werden neue neuronale Verbindungen geschaffen. Je mehr solcher Muster wir erschaffen, desto besser wird auch unsere Stressresistenz.

Lenkradübungen:

Legen Sie alle zehn Finger auf das Lenkrad. Im Prinzip sind sie ja schon die ganze Zeit dort.

Stellen Sie sich vor, die Finger wären von links nach rechts durchnummeriert – so wie in der Zeichnung dargestellt.

Nun können Sie Bewegungsmuster bilden, zum Beispiel so:

- alle Finger nacheinander,
- nur jeden zweiten Finger,

- immer zwei Finger gemeinsam, von außen nach innen,
- Zahlenfolgen wie Finger 1 + 10, 3 + 8, 5 + 6 und gleichzeitig.

Sie können das völlig unauffällig machen, indem Sie nur die Fingermuskeln anspannen.
Wenn Sie musikalisch üben wollen, dann können Sie sich eine Tonleiter oder Klaviertasten vorstellen.

Statt Stress – denken Sie etwas Anderes!

Auf den Zahn fühlen:
Völlig unauffällig ist auch, mit der Zunge die Zähne innen einzeln abzutasten. Am Anfang ist es wohl ungewohnt, die einzelnen Zahninnenseiten abzutasten. Machen Sie das deshalb zunächst langsam.
Fangen Sie oben links am äußeren Backenzahn an.
Ertasten Sie genau nur einen Zahn. Ziehen Sie die Zunge zum Gaumenbereich zurück und ertasten Sie dann den Nebenzahn. Fahren Sie mit dem Ertasten der Zähne im Unterkiefer in gleicher Weise fort.
Machen Sie die gleiche Übung und gehen Sie mit der Zungenspitze auf die Außenfläche der Zähne.
Auch hier können Sie mit weiteren Abtastmustern arbeiten, also zum Beispiel erst den Backenzahn oben links, dann den Backenzahn oben rechts, dann den Zahn links neben dem äußeren Backenzahn usw.

Mit der Zeit können Sie verschiedene Muster abrufen und immer schneller werden. Wenn Sie das blind beherrschen, ist es Zeit für neue Übungen.

Stimmungsmusik

Die Schwester der Mutter aller Entspannungstechniken ist die Musik. Sie ist hochwirksam, sie kommt gleich nach dem Atmen. Wenn es darum geht, unseren Gemütszustand augenblicklich zu verändern, kann Musik wahrlich Wunder bewirken. Musik wirkt schnell und intensiv, immer und überall. Wenn Ihr Lieblingslied im Radio läuft, dann tauen Sie auf, singen wahrscheinlich mit. Da hat Mensch keine Chance, denn das Unterbewusstsein hört mit und reagiert sofort mit den Assoziationen, die zum Song gehören.

Die Musik ist eine Gabe und ein Geschenk Gottes,
die den Teufel vertreibt und die Leute fröhlich macht.
Martin Luther

Da stets akustische Reize auf uns einprasseln und wir die Ohren per se nicht verschließen können, ist es gut zu wissen, welche Form von Geräuschen oder Stille uns guttut, und nach Möglichkeit sollten wir auch dafür sorgen, dass diese gehört werden können.

Sie wissen am besten, welche Musik Sie in welche emotionale Lage versetzt. Nutzen Sie dieses Wissen aktiv.

Heute ist es für jeden ein Kinderspiel, die passenden Stücke für Anregung, Entspannung, Aufmunterung und zum Mitsingen auf dem PC zusammenzustellen und dann per MP3-Player im Auto abzuspielen.

Machen Sie sich eine Liste der Songs, die Ihnen gefallen, die Sie glücklich machen, gleich hier.

Experimentieren Sie mit Musik, hören Sie mal etwas, das nicht ihr Lieblingsgenre ist. Erweitern Sie Ihre Musikalität.

Ihr Auto ist Ihr Konzertsaal, drehen Sie auf, singen Sie mit – egal, ob Sie die Liedtexte richtig kennen oder nicht.

Tun Sie es aber bitte immer so, dass Sie die anderen Verkehrsteilnehmer – auch Beifahrer – nicht nerven.

Weil ich, im Gegensatz zu meiner Frau, Liedtexte kaum behalten kann, wenn sie länger als zwei Zeilen sind, verfasse ich stets neue Texte zu alten Songs. Falls es Ihnen auch so geht, werden Sie zum Liedtexter. Vielleicht sind Sie sogar besser als das Original?

Singen bedeutet auch immer atmen und hat allein deshalb schon viel Positives an sich. Beim Singen atmen wir automatisch tiefer ein als sonst, ohne dass wir darauf achten müssen. Also kommt mehr Sauerstoff in den Körper. Das Weiten der Brustflügel gibt uns Kraft und ein gutes Gefühl; das längere Ausatmen entspannt.

Meine Powersongs:

_____

_____

_____

_____

_____

_____

_____

_____

_____

_____

_____

_____

_____

_____

Beruhigende Musik:

_____

_____

_____

_____

_____

_____

_____

_____

_____

_____

_____

_____

Liste der Lieder zum Mitsingen:

_____

_____

_____

_____

_____

_____

_____

_____

_____

_____

_____

_____

_____

_____

Wie würde sich Ihr Stressproblem vom Mond aus betrachtet anfühlen? Wäre es dort genauso wichtig und dringend?

Oder erkennen Sie, dass es eben jetzt gerade nur eine Situation ist, die in Zusammenhang mit dem Weltfrieden eher als gering einzuschätzen ist?

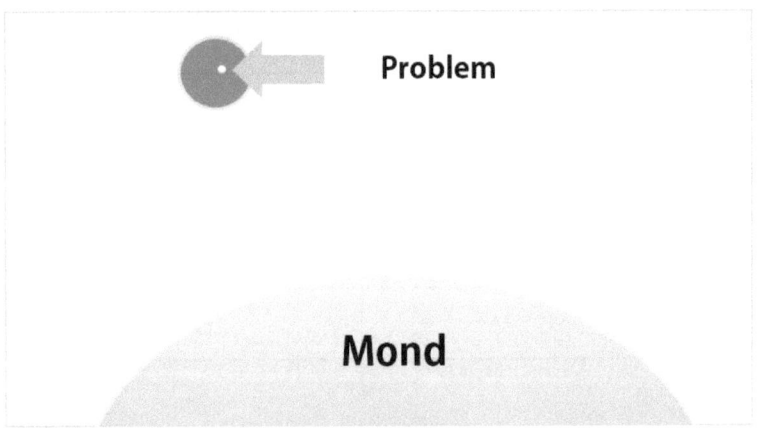

Ja, wir nehmen uns manchmal einfach zu wichtig.
Obwohl ich allen sage, dass der wichtigste Mensch in meinem Leben ich bin, kommt es gleichzeitig auf die Kunst an, sich nicht zu ernst zu nehmen. Wechseln Sie die Perspektive, denken Sie neu – handeln Sie neu.

Schon Reinhard Mey sang in seinem Lied „Über den Wolken" von der Erkenntnis, dass von oben aus betrachtet so manches nichtig und klein erscheinen kann.

Sind die Stressgedanken so wichtig, dass sie in den Mond-nachrichten gezeigt würden?

Reicht der Mond als Abstand nicht aus, um das Problem klein werden zu lassen, dann nehmen Sie den Mars, Jupiter, Pluto oder einfach die nächste Galaxis. Davon gibt es ja genügend.

Nummernschilder sammeln

Auf den Straßen gibt es tolle Kennzeichen. Manche Buchsta-benkombinationen ergeben Worte, manche Abkürzungen und manche ergeben gar keinen Sinn. Notieren Sie sich gele-gentlich auffällige Kennzeichen und wortspielen Sie dann mit den gesammelten Werken.

In Stuttgart gibt es die S-AU, in Esslingen den ES-EL, andere Stadt- und Landkreiskennzeichen ergeben:
BRA-UN, BIR-KE, BÖ-SE, PAN-DA, REG-EN, HAL-LO, SO-S,
OL-DI (wenn's passt),
ZW-EI (immer hin eins mehr als eins),
LAU-NE (hoffentlich gute),
PF-UI (na dann viel Spaß),
EMD-EN (hier braucht man den Ortsnamen nicht mehr raten).
Meine Deutungen: Aus WN-IG wird das Wort wenig. Das stimmt ja auch, wnig hat ganz wenig Buchstaben, es spart sich die Vokale.

Bei LB-KW muss ich immer an Leberkäswecken denken (ein Leberkäswecken ist ein Fleischkäsebrötchen, hochdeutscher geht es nicht) – ja, das ist eine Hommage an meine schwäbische Herkunft.

HH-IQ, interpretiere ich als, „Haha, ich Qualle, was du?" Notieren Sie hier, was Ihnen so an Kennzeichen auffällt.

Kreative Geschichten erfinden

Sie können die ermittelten sinngebenden Buchstaben-kombinationen auch zu einer Geschichte formen. Die Rechtschreibung darf hier großzügig ausgelegt werden, damit sich möglichst viele Texte ergeben. Meist ist der Stau nur in einer Fahrtrichtung, also bietet sich hierfür der entgegenkommende Verkehr an.

Hier eine Geschichte, die in einem Stau bei Rastatt entstanden ist:

B-OB der RA-SR

KA-RL, Ich glaub die KA-TZ M-US KA-KA. DA-NN HA-LT S-IE A-US dem Fenster RA-US. MA-MI SHA-U MA-L jetzt hab ich KA-KE auf dem Schoß (WÜ-RG). Das B-OB aber auch immer so RA-SN muss. Keine Zeit für eine RA-ST, weder KA-FE noch CO-LA Pause.

KA-Y möchtest Du lieber RA-DI oder RA-PS zum RA-KI? SO-SO KA-RO ist wieder SO-LO.

Kennzeichen, die mir gefallen:

_____

_____

_____

_____

_____

_____

_____

_____

_____

_____

_____

_____

_____

_____

_____

_____

_____

_____

- **Frust herausschreien**

Viele Autofahrer schimpfen beim Fahren und machen sich so frei von ihrem Ärger. Solange Sie damit niemand anderen stören, schreien Sie im Auto Ihren Frust heraus und wenn Sie danach eine Erleichterung verspüren, ist es gut so. Das Heraus-Schreien von Ärger oder Frust stellt eine probate Ventilfunktion dar, die auch im Alltag anwendbar ist. Gehen Sie dazu am besten in den Wald und brüllen Sie nach Belieben.
Das Gute ist, dass die gefühlte Aggression abgebaut werden kann, Stress verfliegt schneller. Achten Sie dabei darauf, dass zur Stresssituation gehörende negative Gedanken nach dem Herumkrakeelen auch vorbei sein sollten.

Toleranz ist Einstellungssache

Toleranz ist wichtig! Je mehr Stress wir verspüren, desto weniger tolerant verhalten wir uns.

Sie kennen das vom Urlaub. Sie kommen erholt zurück und treffen bestens gelaunt Ihren Nachbarn Meier-Schmidt, der Ihnen nicht so sympathisch ist. Aber so lange Sie gut drauf sind, macht Ihnen das nichts aus. Sie reden mit ihm über Gott und die Welt. Anders sieht es eine Woche später aus, wenn Sie genervt nach Hause kommen und sich dann noch auf Herrn Meier-Schmidt einstellen müssen.

Genauso ist es im Verkehr. Solange es uns gutgeht, ist es easy, jemanden mal vorzulassen, vielleicht auch mal bei einer Panne anzuhalten und Hilfe zu leisten.

Wie reagieren wir, wenn wir es eilig haben?

Ist die GLEICHE Welt dann immer noch so rosig? NEIN!

Hat sich die Welt verändert oder unsere Gedanken?

Also immer schön locker bleiben. Stellen Sie sich vor, es gäbe in Ihrem Kopf einen Toleranzschieber.

Wo wäre der Schieber jetzt gerade, eher bei intolerant oder eher bei tolerant oder vielleicht bei neutral, in der Mitte?

intolerant   tolerant

Wenn der Schieber zu weit links bei intolerant ist, dann versuchen Sie doch mal, ihn mental nach rechts zu verschieben. Können Sie sich vorstellen, den Schieber auch am rechten Ende der Skala dauerhaft zu fixieren?

Dann wäre der Schieber dauerhaft bei TOLERANT.

Sie wären stets tolerant.

Tipps, um auf dem Parkplatz zu entspannen

Berufstätige, die nach Hause kommen, sind häufig noch von der Energie der Arbeit aufgeladen. Dadurch sind sie nicht aufnahmefähig für die Wünsche und Sorgen der Familie.

Wenn jetzt die Tür aufgemacht wird und die Kinder an einem hochspringen, freut sich nur ein kleiner Teil in Ihnen. Der größere Teil möchte erst mal seine Ruhe haben und abschalten können. Probieren Sie mal das Folgende aus:

Heimkomm-TIPP:
Wenn Sie mit dem Auto zuhause ankommen, dann bleiben Sie noch zwei Minuten im Auto sitzen. Beschließen Sie gedanklich, den Arbeitstag nun hinter sich zu lassen.

1. Konzentrieren Sie Ihre Gedanken so gut es geht auf Ihre Herzgegend. Wenn Sie mögen, schließen Sie dazu Ihre Augen. Legen Sie eine Hand auf die Herzgegend.
2. Bleiben Sie mit Ihren Gedanken bei Ihrem Herzen.
3. Erinnern Sie sich an schöne Momente Ihres Lebens und fühlen Sie das Erlebte nochmals nach.

Genießen Sie die Entspannung, die sich nun einstellt. Diese Übung wird Ihnen leichterfallen, wenn Sie diese vorher schon einige Male zuhause geübt haben. Zwei bis drei Minuten reichen in der Regel aus, um eine gute Entspannung zu fühlen.

Öffnen Sie die Augen und versetzen Sie sich in das Gefühl, für die nächste Sache bereit zu sein.
Diese Übung hilft Ihnen auch sehr gut, das Stresslevel tagsüber zu senken. Machen Sie die Übung immer wieder mal über den Tag verteilt. Sie werden merken, wie sich Ihr Nervensystem insgesamt beruhigt und Sie gelassener werden.

Weitere Entspannungsbungen für den Tag:

Kopf halten: Legen Sie eine Hand auf die Stirn und die andere auf den Hinterkopf. Lassen Sie einige Zeit verstreichen. Die Gedanken nehmen ihren freien Lauf.

Kopf kreisen: Legen Sie die Hände an Ihren Nacken, so dass die Fingerspitzen auf den Halswirbeln zu liegen kommen. Genießen Sie die Ruhe und Kraft, die aus Ihren Händen strömt und Sie beruhigt. Machen Sie vorsichtig kreisförmige Bewegungen mit dem Kopf.

Nacken klopfen: Klopfen Sie mit der flachen Hand ganz leicht auf Ihren Nacken und oberen Schulterbereich, ähnlich wie bei einer Massage, und sagen Sie zu sich:

„Auch wenn ich es jetzt eilig habe, beruhige ich mich."

- Machen Sie immer wieder Fahrpausen und steigen Sie aus dem Auto aus. Gehen Sie ein paar Schritte und machen Sie Körperübungen wie Dehnen und Strecken.
- Atmen Sie bewusst ein paar Mal tief ein und aus.
- Isometrische Übungen und Überkreuzbewegungen fördern die Koordinationsfähigkeit.

Isometrische Übung – Faust drücken: Sie sitzen oder stehen aufrecht, der Rücken ist frei und nicht angelehnt. Machen Sie mit der rechten Hand eine Faust und legen Sie diese in die linke Handfläche. Die Arme und Hände befinden sich dabei auf Brusthöhe. Atmen Sie ein, halten Sie dann den Atem für fünf Sekunden an, und pressen Sie in dieser Zeit die Faust mit voller Kraft in die Handfläche. Lassen Sie die Spannung los und atmen dabei aus. Wiederholen Sie die Übung zwei- bis dreimal. Lockern Sie die Arme zwischen den Übungen. Wechseln Sie dann die drückende Hand und machen die Übung weitere zwei- bis dreimal.
Anstatt zu drücken, können Sie auch ziehen. Verkeilen Sie dazu Ihre Finger ineinander vor der Brust und versuchen Sie, diese dann auseinanderzuziehen. Beide Übungen lassen sich auch mit den Händen am Rücken durchführen.

Überkreuzbewegungen: Sie stehen bequem da, heben Ihr linkes Knie an und berühren es kurz mit der rechten Hand.

Heben Sie dann das rechte Knie an und berühren Sie es kurz mit der linken Hand. Variieren Sie das Tempo und erfinden Sie neue Überkreuzmuster.

Augenpflege

Sind Sie nachts lange auf der Autobahn unterwegs, dann ermüden die Augen, weil Sie mehr oder weniger nur stur geradeaus schauen. Die fehlende Abwechslung am Straßenrand und die wenigen Helligkeitsunterschiede strengen an und führen zur schnelleren Ermüdung. Das gilt nicht nur für Nachtfahrten, sondern ebenfalls bei schlechter Sicht oder Nebel.

Bei Fahrpausen können Sie die Augen mit diesen Übungen regenerieren:

1) Legen Sie Ihre Handinnenflächen wie Halbschalen für einige Zeit auf die geschlossenen Augen. Das entspannt die Augen.

   Sie können das Gefühl intensivieren, indem Sie Ihre Hände vorher 30 Sekunden lang wie beim Händewaschen reiben und dann auf die Augen legen.

2) Pendeln Sie Ihren Zeigefinger circa 20 cm vor Ihrer Nase horizontal hin und her, halten Sie den Kopf dabei still. Folgen Sie nun mit den Augen Ihrem Finger. Die Pendelbewegung kann unterschiedlich schnell sein, fangen Sie am besten langsam damit an. Die horizontale Auslenkung sollte bis zum peripheren Sichtbereich gehen, so dass Sie den Finger gerade noch sehen können.

3) Sie können auch abwechselnd den Zeigefinger vor Ihrer Nase und dann etwas weit Entferntes anschauen. Wechseln Sie im Zehn-Sekunden-Rhythmus den Fokus.

Nickerchen

Wenn Sie können, dann machen Sie einen Kurzschlaf. Schon wenige Minuten reichen aus.

In Asien ist es völlig normal, in der Mittagspause einen Kurzerholungsschlaf, einen „Power Nap", zu machen. Die Dauer beträgt üblicherweise 15 bis 30 Minuten. Mehr als 30 Minuten sind kein Powernapping mehr, denn dann fällt der Körper in tiefere Schlafphasen, die uns eher hindern, schnell wieder fit zu werden. Zahlreiche Untersuchungen beweisen, dass der

Kurzschlaf fit macht, die Gedächtnisleistung steigert und unser vegetatives Nervensystem beruhigt.

Vielleicht kennen Sie auch den Ausdruck Fernfahrerschlaf. Man setzt sich so hin, dass das Gesicht auf einem Kissen auf dem Lenkrad zum Liegen kommt. Die Arme hängen nach unten. Wen man eingeschlafen ist, wacht man durch das Kribbeln in den Armen auf, das durch den Blutstau ausgelöst wurde.

So soll es Einstein gemacht haben: Er wusste wohl von der auffrischenden Wirkung eines Kreativnickerchens. Er hat sich hingesetzt und einfach einen Schlüsselbund in die Hand genommen. In dem Moment, in dem die Entspannung sehr tief war, haben sich die Muskeln gelöst, und er ist vom Geräusch der herunterfallenden Schlüssel aufgewacht.

Das Powernapping ist auch außerhalb des Autos gut durchzuführen; wichtig ist, dass ein Müdigkeitsgefühl vorherrscht. Nach dem Mittagessen ist für viele ein idealer Zeitpunkt dafür. Die Dauer des Power Nap ist bei den Menschen unterschiedlich, manche können nur zehn Minuten dösen und sind dann wieder fit, manche benötigen eine ganze Stunde Schlaf, damit es wieder energiereich weitergeht.

Zurücklächelspiegel

Haben Sie schon festgestellt, dass die Autoindustrie eine clevere Erfindung von Beginn an in Blickweite in Ihr Kraftfahrzeug integriert hat? Es ist der Zurücklächelspiegel.

Schauen Sie in den Spiegel. Lächeln Sie hinein, und er wird zurücklächeln. Diese einfache Technik können Sie nutzen, um sich in eine bessere Stimmungslage zu bringen. Lächeln Sie Ihren Spiegel eine Minute an. Am Beginn kann es vorkommen, dass sich das So-tun-als-ob zunächst komisch anfühlt. Nach einer Weile jedoch reagiert das Gehirn auf diese Grimasse und Sie werden von innen heraus lachen müssen. Die Stimmung kommt in Schwung, garantiert.

Das eigene Gesicht im Spiegel lächelnd zu sehen ist das einfachste Biofeedbacksystem, das es gibt.

Es heißt, dass man zum Lächeln zwei Muskeln weniger braucht als zum Grollen. Absicht der Natur?

Außer zu lächeln lassen sich auch tolle Grimassen schneiden. Seien Sie kreativ, so lange keiner zusieht, natürlich.

Ein fröhlicher Geist gleitet garantiert besser durch den Verkehr als ein Miesepeter mit hektischem Verhalten.

Extra-Tipp:
Sie haben sicher schon festgestellt, dass ein freundlicher Gesichtsausdruck „Türen öffnen" kann. Falls Sie einen Termin haben, dann schauen Sie doch zuvor in den Zurücklächelspiegel. Fragen Sie sich: „Kann ich mit diesem Gesichtsausdruck andere Menschen begeistern?"

Unterwegs in der Stadt können Sie auch gelegentlich Schaufenster benutzen, um die eigene Mimik zu kontrollieren.

Stressbremse mit den Händen – eine Geist-Körper-Übung

Übungen, die den Körper einbeziehen, haben den Vorteil, dass sie schnell, intensiv und nachhaltig wirken.

Und so funktioniert's:
Setzen Sie sich aufrecht hin und atmen Sie tief ein und aus. Legen Sie beide Handflächen auf Ihre Oberschenkel.

Lenken Sie Ihre Aufmerksamkeit nun auf Ihre linke Hand. Sie spüren mit Ihrer ganzen Konzentration nur Ihre linke Hand.

Wie fühlt sich die Handinnenfläche an? Ist sie warm? Wie ist der Kontakt zum Oberschenkel? Ist da ein Stoff dazwischen?

Nehmen Sie sich Zeit. Gerade wenn Sie aufgeregt sind, kann das ein bisschen dauern. Sie werden merken, bei häufigerer Anwendung gelingen Ihnen das Konzentrieren und Hinein-spüren immer besser und schneller.

Wenn Sie nun ganz bei Ihrer linken Hand sind, bleiben sie dort eine Weile.

Richten Sie dann Ihre Aufmerksamkeit auf Ihre rechte Hand. Spüren Sie diese komplett, wie sie auf Ihrem Oberschenkel ruht. Versetzen Sie sich gedanklich ganz in Ihre rechte Hand hinein – ganz in Ruhe.

Wenn Sie dann zu 100 Prozent in Ihrer rechten Hand versunken sind, dann versuchen Sie beide Hände gleichzeitig mit gleicher Intensität wahrzunehmen.

Genau dann, wenn sich beide Hände gleich intensiv anfühlen, haben Sie sich wunderbar entspannt.

Bravo, nun sind Sie ein Stück weit entspannter als zuvor. Ihr Stressproblem ist in weite Ferne gerückt. Sie haben beide Gehirnhälften gleichzeitig beschäftigt und sind nun ausgeglichener, ruhiger und eventuell ein Stück kreativer als zuvor.

Die Handhöhlenatmung
Formen Sie Ihre Hände so, als ob Sie einen Schneeball formen wollten. Öffnen Sie den Raum zwischen beiden Daumen, so dass eine Art Höhle in den Handinnenflächen entsteht. Legen Sie die Hände nun über Mund und Nase. Atmen Sie langsam in die Höhle mit dem Mund aus und durch die Nase wieder ein. Es ist dieselbe Technik, die Sie im Winter verwenden, um schnell warme Hände zu bekommen. Nach einigen Atemzügen sind Sie entspannter. Denn nun haben Sie etwas mehr Kohlendioxid eingeatmet, und das hilft nach zu schneller Atmung (zu starkem Ausatmen von CO_2 bei Stress ohne körperliche Aktivität), sich zu beruhigen.

Kapitel 4   Situative Stresslösetipps beim Fahren

Fahrfehler:

Der Fahrer vor Ihnen macht Fahrfehler. Im Geiste fangen Sie an, ihn zu belehren.

Sie beginnen, ihn kritischer zu beobachten, und achten akribisch darauf, ob er wieder etwas falsch macht. Sie steigern sich emotional in eine Sache hinein, die Sie nicht verändern können. Ihre Gedanken kreisen immer mehr um das Thema Vordermann. Wenn Sie das merken, dann ist es höchste Zeit, an etwas Anderes zu denken. Denn das Zuschauen und Beurteilen machen Sie nicht glücklicher. Im Gegenteil, Sie belasten Ihr Immunsystem dadurch. Denn Stress schadet immer.

Seien Sie achtsam im Straßenverkehr und fahren Sie dabei – bewertungsfrei – hinter anderen her.

Tipp:
Fragen Sie sich:

Habe ich auch schon mal einen Fehler gemacht?

Mache ich vielleicht auch heute noch Fehler?

Kann ich mir meine Fehler verzeihen?

Könnte ich anderen ihre Fehler verzeihen?

Wenn Sie nun denken ja, schon irgendwie, aber was der da gerade vor mir macht, ist wirklich nicht ok, dann konzentrieren Sie sich mehr auf das JA, auf das Verzeihen-Können. Gehen Sie sie die vier Fragen von eben nochmals gedanklich durch.

Auch wenn Sie es nicht glauben wollen, was da gerade vor Ihnen passiert: der plötzliche Spurwechsel, der Linksfahrer, der Langsamfahrer. Auch wenn ein Ministau direkt vor Ihrer Nase entsteht – diese Dinge geschehen. Je mehr Sie sich Gedanken zur Situation machen, desto stärker kommen Sie in Stress. Üben Sie, achtsam zu sein. Wenn Sie kreisende Gedanken entwickeln, dann:

Statt Stress – denken Sie an etwas Anderes!

Nur beobachten – nicht bewerten:

Der Fahrer vor Ihnen macht etwas falsch.

1. Können Sie sich zugestehen, dass es zunächst erst mal seine Sache ist, was er da macht?
2. Im Prinzip sind Sie nur Beobachter.
3. Und dann ist es Ihre Sache, wie Sie mit der Beobachtung umgehen.

Schleicher voraus ☹

Auf der Strecke sind 70 km/h erlaubt, der Vordermann schafft aber nur 50 km/h!
Je länger Sie hinter ihm herfahren, desto angespannter werden Sie. Sie fragen sich: „Warum fährt der denn nicht schneller?"

Tipp:
Der Autofahrer vor Ihnen ist ein Mensch wie Sie und ich!
Dieser Mensch hat auch Ziele in seinem Leben.
Welches Ziel hat er jetzt wohl mit seiner Fahrt?
Was könnte ihn ernsthaft bewegen, so vorsichtig zu fahren?
In welchen Situationen bin ich schon mal langsamer oder vorsichtiger gefahren?
Fahranfänger, zerbrechliche Ladung oder einfach nur unkonzentriert gewesen? Oder vielleicht ist er gerade geblitzt worden.

Statt Stress – denken Sie an etwas anderes!

In solchen Situationen wie der Verfolgung langsamer Blecheinheiten neigen wir zu starker Fokussierung. Dabei ist die Frage: Hat der Vordermann überhaupt so viel Aufmerksamkeit verdient? Falls die Antwort nun nein lautet, dann erlauben Sie sich, an etwas Schöneres zu denken.

Sie können sich auch fragen, ob sich der Vorfahrer genauso viele Gedanken um Sie macht, wie Sie um ihn?

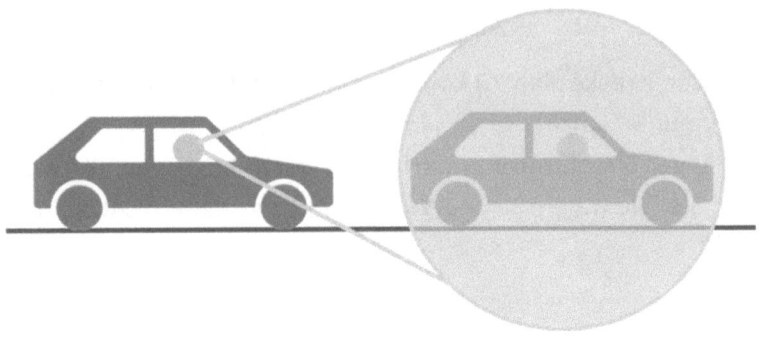

Sind Ihre Gedanken bei Ihnen oder beim anderen? Wenn sie beim anderen sind, was tun Sie da?

Das Gegenteil tun
Eine frappierend erfrischende Strategie besteht darin, das Gegenteil zu tun.

Falls Sie merken, dass Sie eh schon zu spät sind, dann lassen Sie doch mal ein Auto vor sich auf die Kreuzung. Erleben Sie das Gefühl, etwas Gutes und Richtiges getan zu haben. Dann tun Sie es vielleicht öfter.
Wenn Sie es eilig haben, versuchen Sie mal, extrem langsam zu fahren (jedoch ohne die anderen zu ärgern). Das ist eine ungewohnte Erfahrung mit einem neuen Erlebnischarakter.

Wenn Sie sich geärgert haben, dann fragen Sie sich doch mal:
„Wem könnte ich heute etwas Gutes tun?"

Allein diese Frage sollte Sie aus der gegenwärtigen Verspannung herausholen. Wem könnten Sie heute etwas Gutes tun? Mir fallen da sofort spontan viele Nettigkeiten ein.

Den Kollegen unverhofft Brezeln mitbringen, meine Tante anrufen und fragen, wie es ihr geht. Einem Bekannten eine Zeitschrift besorgen, die er gerne liest. Einfach so mal den Hausflur wischen …

Je ernster Sie sich diese Frage stellen, desto weiter kommen Sie vom Ärger weg. Ihr Gedankenfokus verändert sich.

Statt Stress – denken Sie an etwas Anderes!

Guru

Der vor mir ist mein Lehrer, Guru, Meister

Ja, es ist tatsächlich so, der Vordermann bestimmt unser Tempo. In dem Moment, in dem wir akzeptieren, dass es so ist, wie es ist, verfliegt der Stress.

Stellen Sie sich vor, der Fahrer vor Ihnen ist der Meister. Er weiß ganz genau, was für Sie gut ist! Er weiß, was jetzt in diesem Moment das Richtige ist.

Er bildet Sie aus in Geduld und Gleichmut – Sie können ihm dafür dankbar sein. Das kann anfangs noch ungewohnt sein, probieren Sie es ein paar Mal aus, Sie werden erleben, wie sich Ihre Gedanken ändern.

Ihr Vorfahrer ist Ihr Lehrer. Überlegen Sie, was Sie von ihm lernen können. Den Moment zu achten, zum Beispiel.

Ist es wirklich so wichtig, **jetzt** etwas schneller zu fahren? Welches Risiko gehen Sie ein, wenn Sie **jetzt** versuchen zu überholen? Sind Sie dann wirklich schneller, oder kann es sein, dass der nächste Langweiler vor Ihnen herfährt?

Passiert es Ihnen immer gerade dann, wenn Sie es sowieso eilig haben, dass jemand vor Ihnen herkriecht? Dann können Sie das vielleicht als Zeichen ansehen, generell etwas Gas wegzunehmen – nicht nur beim Autofahren.

Stau:

Es geht kaum voran – Stopp and Go. Sie wären gerne viel schneller am Ziel, aber es lässt sich nicht einrichten.

Wie oft haben Sie diese Situation schon erlebt?
Wie oft sich darüber geärgert?
Hat es etwas gebracht? – NEIN!
Also ist es nun an der Zeit, ein neues Verhalten einzustudieren und dadurch entspannter und gesünder anzukommen.

Weil sich der Stau vermutlich nicht sofort in Luft auflöst, ist es Zeit, das frustrierende Erlebnis möglichst schnell in etwas Positives umzudeuten. Ungefähr so: Sie stehen im Stau und erkennen: **„Hurra, nun habe ich geschenkte Zeit."**

Fragen Sie sich: Was ist das Sinnvollste, das ich nun tun kann? Versuchen Sie ab nun, Stau als geschenkte Zeit für sich selbst anzusehen. Überlegen Sie, was Sie mit der geschenkten Zeit anfangen möchten. Gibt es Projekte, Planungen, die durchdacht werden können?

Wenn es schon mit dem Auto nicht vorangeht, dann vielleicht mit der Kommunikation.

Idee:

Nutzen Sie die Zeit für Kontaktpflege.

Falls Sie Unternehmer sind, dann blättern Sie mal in Ihrem Adressbuch. Wen haben Sie schon besonders lange nicht kontaktiert?

Gibt es Personen, die Sie sonst nicht gern anrufen würden? Dann machen Sie es jetzt!

Sie stehen im Stau, Sie haben Zeit. Nutzen Sie aktiv diese Chance. Es soll schon vorgekommen sein, dass ein Stautelefonat zu mehr Umsatz geführt hat.

Gibt es im privaten Umfeld Menschen, die Sie schon lange nicht mehr angerufen haben? Eine Tante, einen alten Freund – Menschen, die Sie nicht mehr regelmäßig treffen?

- **Tipp**
  Legen Sie sich eine Hörbuch-CD ins Auto und greifen Sie im Stau darauf zurück.

Das Hörbuch kann ein spannender Roman oder ein Sachbuch sein – vielleicht ein Audiokurs oder ein Sprachlehrgang. Die Ablenkung hierdurch ist umso intensiver, je spannender das Thema für Sie ist. Falls Sie sowieso eher selten Hörbücher im Auto hören, empfinden Sie die Ablenkung noch intensiver.

Wenn Sie in einem Riesenstau stehen, bei dem es absehbar ist, dass es für längere Zeit nicht weitergeht, dann knüpfen Sie neue Kontakte mit den anderen Staustehern. Tun Sie ein bisschen so, als ob es eine Open-Air-Party wäre. Verbreiten SIE etwas gute Laune, als wäre es ein tolles Erlebnis.

Statt Stress – denken Sie an etwas Anderes!

Kennzeichen sammeln:
Entwickeln Sie aus dem Autokennzeichen vor Ihnen eine Kurzgeschichte. Die Buchstaben des KFZ-Kennzeichens sind

jetzt die Anfangsbuchstaben für die Wörter Ihrer kurzen Geschichte, die Sie erfinden. Hier beispielhaft ein paar Viche-
reien.

- So wird aus MS-HD vielleicht: „**M**ein **S**chaf **h**at **D**urch-
  fall." Falls Sie das lustig finden, dann bekunden Sie
  diesen Gedankenstrom mit einem Anheben der Gesichtsmuskeln rund um die Mundwinkel.

- MH-FS wird zu: „**M**ein **H**amster **f**ährt **S**chlittschuh."

- MZ-FS: „**M**ein **Z**ebra **F**ährt **S**ki."
- Stellen Sie sich Ihr Zebra vor, wie es Ski fährt. Welcher
  Skiort fällt Ihnen spontan dazu ein? Auf welcher Piste
  fährt es hinunter? Welche Skier hat es aufgeschnallt?
  Trägt es eine Skibrille?

- Diskutieren Sie mit Ihren Fahrgästen über skifahrende
  Zebras und wie die Mode nächstes Jahr dafür ausse-

hen könnte. Sind da noch andere Zebras unterwegs? Was tragen die?

Wenn Sie offen für solche „Kreativflippigandersdenkideen" sind, dann öffnet sich Ihr Verstand. Die Gedanken gehen in eine neue Richtung, hin zu mehr Spaß und Freiheit.
Denken Sie anders – Ihr Gehirn freut sich, Ihre Stimmung hebt sich. Und die Zeit vergeht bei solchen Späßen wie im Flug.

- Mit dem Kennzeichen MH-DE geht auch: „Mein Hut Drei Ecken". Sie erinnern sich an das Lied, „Mein Hut, der hat drei Ecken", und singen es.
- Verbinden Sie die Kurzgeschichte des einen Kennzeichens mit der eines anderen.

Wenn Sie Mitfahrer haben, machen Sie einen Wettbewerb daraus. Aus GS-LL wird „Große schöne lachende Leute".

- Spielen Sie mit den Buchstaben „Stadt, Land, Fluss": Städte zu GS-LL = **G**ünzburg, **S**tuttgart, **L**imburg, **L**ingen.
  Länder: **G**roßbritannien, **S**chweden, **L**itauen, **L**ettland.

Das bewahrt nebenbei die geistige Beweglichkeit.

- Waren Sie zum Beispiel schon mal in Günzburg, dann zählen Sie die Sehenswürdigkeiten in der Reihenfolge auf, wie sie auf dem Nummernschild stehen: **S**tadttor, **L**andmannplatz, **L**egoland.

Idee:

Spielen Sie mit der KFZ-Nummer.

- Teilen Sie zum Beispiel die KFZ-Nummer durch 13 (achten Sie dabei aber immer noch auf den Verkehr).
- Ist die Zahl eine Primzahl?
- Bilden Sie Quersummen. Ist diese größer oder kleiner als die Quersumme Ihres Nummernschildes?
- Stellen Sie sich zwischen den Ziffern mathematische Zeichen vor, zum Beispiel 3524: 3 x 5 x 2 x 4 = 120.

Statt Stress – denken Sie etwas Anderes!

Typen gibt's!

Kennen Sie die Dauernörgler, die ewigen, „Yes Butter", also „Ja-aber"-Menschen? Wollten Sie die im Stau treffen? Sich von ihrem Gejammer anstecken lassen? Wohl eher nicht.

Beklagen ist wenig produktiv. Wem nützt es, wenn wir uns über das Wetter beklagen? Niemandem. Wir können es nicht ändern. Aber in dem Moment, in dem wir uns über etwas beklagen, nehmen wir uns selbst ein Stück Lebensfreude und die Chance, Schöpfer zu sein. Wenn wir andere mit unserem Klagestrom belästigen, dann hilft es ebenso wenig weiter. Uns nicht und den anderen auch nicht. Im Gegenteil, aus einem Betroffenen werden zwei – aus künstlichem, halbem Leid wird doppeltes Leid.

Es gibt zum Glück die zweite Kategorie, zu der Sie bestimmt gehören. Die „Why Notter", die „Ja-warum-nicht?"-Denker.

Während „Yes-Butter"-Typen eher nach Gründen suchen, warum etwas nicht funktionieren kann, sind die „Why Notter" die Schöpfer. Sie (suchen) finden in jeder Situation die Chance, die darin enthalten ist.

> Es heißt, dass wir die Welt nicht so sehen
> wie sie ist, sondern so, wie wir sind.

Lassen Sie sich einmal diese Erkenntnis auf der Gehirnzelle zergehen. Sie werden merken, dass Sie Ihre jeweilige Situation aufgrund der vorherrschenden Emotion beurteilen.
Die Gattung der „Why Notter" scheint also gefühlsmäßig häufiger im O.K.-Bereich zu sein und deshalb auch positiver zu reagieren.

Wenn Sie einen „Ja-aber"-Typen treffen, fragen Sie ihn, was ihn daran hindert, ein „Ja-warum-nicht"-Typ zu werden.

Sie entscheiden, wer Sie lieber sein möchten.

Fragen Sie sich: „Kann ich im Stau stehen und trotzdem gute Laune haben?" – Wie würde sich das anfühlen?

Je nach Alter und Anzahl kann es mit Kindern bei längeren Fahrten anstrengend werden. Den Erwachsenen empfehle ich die Methode Heimkomm-Tipp auf Seite 79 oder das tiefere Atmen immer wieder zu üben.

Da Spiele für Kinder eine gute Form der Ablenkung darstellen, kommen hier ein paar Anregungen:

Koffer packen: Jeder packt in seinen Koffer nur Sachen, die mit dem gleichen Buchstaben beginnen, wie zum Beispiel dem seines Vornamens.

Eine Variation davon ist, dass das jeweils nächste Gepäckstück mit dem letzten Buchstaben des vorherigen anfangen muss.

Oder es geht darum, eine möglichst lange Liste an Gepäckstücken zu erstellen. Besonders gut schneiden hier Menschen ab, die sich die Gegenstände visuell gut vorstellen können und sie auf ungewöhnliche Weise miteinander verbinden. Das ist ein Trick aus der Gedächtniskunst, auch Mnemonik genannt.
Wäre die Liste zum Beispiel „Kamm, Sonnencreme, Socken, Rasierer", dann könnte sich die Bildgeschichte dazu so anhören: Über einen sehr großen lilafarbenen Kamm wird die Sonnencremetube gepickt, so dass die Kammzähne durch die Tube stechen und die gelbe Sonnencreme heruntertrieft, und zwar genau auf die neuen weißen Socken. Mit dem Rasierer

werden dann die überstehenden Kammzähne abrasiert, wobei ein ungewöhnliches Geräusch verursacht wird.

Solche Gedankenfilme regen die Fantasie an. Je fantasievoller der Moment, desto besser wird's behalten und desto weniger Stress wird empfunden.

Wer bin ich? Erzählen Sie – in einem Satz – eine Eigenschaft einer Persönlichkeit und lassen Sie die Kinder raten. Erzählen Sie immer mehr zur Person, um die es geht, bis die Lösung kommt.

Sie können auch die Vorgabe machen, dass die Kinder in fünf Fragen zum Ergebnis kommen sollen.

Sie können aus dem WER auch ein WAS machen, etwa so:
Ich stehe in Stuttgart. – Raten lassen.
Ich kann das neue Schloss sehen. – Raten lassen.
Ich bin ein Gebäude, das relativ neu ist. – Raten lassen.
Mich besuchen jeden Tag viele Menschen. – Raten lassen.
Ich bin das Kunstmuseum am Schlossplatz.

Dinge zählen

Lassen Sie die Kinder zum Beispiel alle roten Autos, die von Ihnen überholt werden, zählen. Im weiteren Verlauf können auch Autos mit anderen Farben gezählt bzw. mit einem Punktesystem versehen werden. Alle blauen Autos, die überholt werden, werden mit einem Punkt bewertet, alle grünen Autos die Ihr Fahrzeug überholen, bekommen drei Punkte. So ist ein intensives Beobachten des Verkehres bzw. eine gute Ablenkung gewährleistet. Sie können auch jedem Kind eine spezifische Aufgabe geben. Eines schaut nach ausländischen Kennzeichen, eines nach Krankenwagen, Polizei- oder Feuerwehrautos, ein anderes vielleicht nach Cabrios.

- Als Variante können die Kinder ihre Zahlen auch gemeinsam addieren bzw. subtrahieren.
- Schließen Sie Wetten ab, an wie vielen Baustellen Sie heute vorbeikommen werden.

Automarken-Alphabet

Das geht alleine oder in der Gruppe. Jemand fängt bei A an und sagt eine Automarke, die mit A beginnt. Das könnte Adam Opel oder Audi sein. Der Nächste nennt dann einen Hersteller, der mit B wie Borgward oder BMW beginnt usw.
Neben Automarken gehen auch Baumarten (Ahorn, Buche, Chinesischer Apfelbaum ...), Gemüsesorten, Obstsorten, Bundesligavereine, Namen der Bundesligaspieler ....

Text und Melodie vertauschen

Eine superamüsante Erfahrung ist es, bei bekannten Liedern die schon in Fleisch und Blut übergegangen sind, die Melodie und den Text zu vertauschen. Singen Sie auf die Melodie von „Alle meine Entchen" den Text von „Fuchs du hast die Gans gestohlen". Sie werden merken, dass es nicht ganz so einfach, aber lustig ist. Ab dem Moment, in dem es die Kinder beherrschen, tauschen Sie Text und Melodie anderer Lieder gegeneinander aus.

Wechselstaben verbuchen
Eine tolle Möglichkeit, sich die Zeit zu vertreiben, Spaß zu haben, kreativ zu sein und Lachen zu können trotz Stau.

Zunächst werden Wörter gesammelt und notiert, die am besten aus zwei zusammengesetzten Begriffen (im Sinne von Bedeutungselementen) bestehen – also Wörter wie zum Beispiel Scheiben-Wischer, Schau-Fenster, Ketten-Raucher etc.
Wenn einige Worte zusammengetragen wurden, geht es in die nächste Spielrunde.
Nun werden die Anfangsbuchstaben der Wort-Elemente vertauscht. So wird aus Schein-Werfer die Wortkombination Wein-Scherfer, aus Zeichen-Lehrer wird Leichen-Zehrer.
Bei diesem Spiel kommen teilweise geniale und witzige Wortkreationen heraus und manchmal gibt es einfach nur ein sinnfreies Kauderwelsch. Ab und an jedoch entstehen neue sinnvolle Wörter nach dem Tausch der Anfangsbuchstaben. Danach wird nun intensiv Ausschau gehalten.

SEE-ROSE
()
REE-SOSE

Das ist bei dem Wort See-Rose der Fall. Nach dem Tausch entsteht Ree-Sose. Das ist orthografisch zwar nicht ganz korrekt, aber sinngemäß wird es verstanden. Wer zuerst ein solches Wort entdeckt, hat das Spiel gewonnen.

Eine Variante ist dann, ein Thema vorzugeben und zu diesem Wörter zu sammeln, zum Beispiel alles, was in einem Baumarkt zu bekommen ist, alles, was zum Kuchenbacken notwendig ist …, je mehr Worte aufgeschrieben werden desto besser.

Nun werden von den Wörtern die Anfangsbuchstaben vertauscht, das ist der erste Spaß, der zweite besteht dann darin, reihum eine Geschichte dazu zu erfinden. Einer nach dem anderen nimmt ein Wort aus der Liste und bildet einen Satz dazu. Der Nächste nimmt ein anderes Wort aus der Liste und trifft eine zum vorherigen Satz passende Ergänzung.

Hier eine Story, die sich ums Auto dreht:
„Hast du das Scherkehrsvild gesehen?" „Nein die Schindwutzscheibe ist so dreckig, mach doch mal den Weibenschischer an." „Ich find den Kedienbnopf nicht." „Schau mal links neben dem Renklad." „Ja da isser." „Einfach den Haltschebel eine Sasterrtellung nach oben drücken."

„Da tut sich nichts." „Dann halt mal an, vergiss aber nicht, die Bandhremse anzuziehen. Hotormaube bitte öffnen, Danke. Jetzt aber bloß nicht aufs Pasgedal treten." „Ich hab die Füße auf dem Pupplungskedal und der Bremse. Soll ich mal die Hichtlupe betätigen?" „Nein, besser mal auch den Dofferkaumreckel öffnen. Meine Kerkzeugwiste ist im Rofferkaum. Draubenschreher, Hosserschlammer, Schteckslüssel, Meppichtesser, ja wo ist denn mein Gessmerät? Hier ist es, aber die Kessmabel mit den Sananenbtecker fehlen. Egal, ich krieg das trotzdem hin. Ha, jetzt hab ich's repariert.
Weiter geht's.
Watt is nu? Ich glaub das Schürtloss klemmt." „Lass mal den Hensterfeber runter. Dann kriech ich durchs Feitensenster rein. Puh, endlich wieder auf dem Sederlitz in optimaler Pahrfosition. Nur gut, dass wir den Hagenweber nicht gebraucht haben, der ist nämlich zuhause im Parcort."
„Jetzt aber schleunigst heimwärts, die Nachotadel treib ich bis zum Anschlag, so dass man die Wurbekelle keuchen hört und der Pusauff qualmt."

Vereinsmeierei
Eine weitere witzige Möglichkeit der Ablenkung ist das Erfinden von Karnevalsvereinsnamen. Auch außerhalb der fünften Jahreszeit lassen sich wunderbare Namen wie „Die leisen Knaller" oder die „Elefantenzehennägelkauer" kreieren. Dazu noch ein passender Auftritt ausgedacht, vergeht die Reisezeit wie im Fluge. Es darf einschränkungsfrei echter Quatsch gedacht werden, so kommt Freude auf!

Zum Ausmalen:

Drängler

Wenn einer hinter mir ist, der es eilig hat, dann lasse ich ihn gern vorbei. Das Vorleben der richtigen Geschwindigkeit ist eine sehr subjektive Angelegenheit. Wenn der andere in Rage ist, dann werde ich ihn durch lehrerhaftes Verhalten garantiert nicht besänftigen. Also lasse ich ihn fahren.

Manchmal kann man nicht so schnell ausweichen, weil rechts die Fahrspur belegt ist. Der Drängler hat jetzt auch noch alle Lichter an. Ab jetzt reagieren wir emotional. Entweder suchen wir die nächste Lücke, um zur Seite zu fahren, oder wir zeigen es ihm und bleiben vor ihm! Wir nehmen vielleicht sogar noch den Fuß vom Gas, so ganz langsam natürlich. Wir ignorieren ihn. Wir belehren ihn. Wir handeln unnatürlich.

Egal wie, es sind Reaktionsmuster, die nichts mit dem natürlichen Flow zu tun haben.

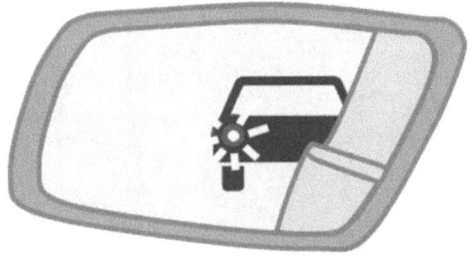

Wir sagen, der andere bringt uns aus der Ruhe. Aber es sind unsere Gedanken, die uns in dieser Situation aus der Ruhe bringen. Wir können jede Sekunde neu entscheiden, ob wir nach vorne schauend fahren oder ob wir unsere geballte Aufmerksamkeit dem Hintermann zugutekommen lassen wollen. Probieren Sie doch mal diese Methode in einer solchen Situation aus:

Gedankenspiel: Wechseln Sie die beiden folgenden Zustände einige Male ab.

Denken Sie „Er bedrängt mich" und warten Sie, bis Sie auch richtig im dazugehörenden Gefühl sind. Dann denken Sie „Ich bedränge ihn" und gehen in dieses Gefühl. Denken und fühlen Sie abwechselnd:

- Er bedrängt mich.
- Ich bedränge ihn.

Das Hin und Her der Gefühle führt nach einiger Zeit zu einer neutralen Haltung, Stress entweicht. Die Fahrt kann entspannter fortgesetzt werden.

Es hilft in dieser Situation auch ganz gut, tiefer zu atmen und mit verschiedenen Muskelgruppen zu arbeiten.
Greifen Sie das Lenkrad für drei bis fünf Sekunden fest, lassen Sie den festen Griff wieder los, so dass Sie das Lenkrad weiterhin gut kontrollieren können. Spüren Sie der Entspannung nach. Spannen Sie Ihre Oberschenkel für einige Sekunden an und lassen Sie wieder los. Spannen Sie Ihre Bauchmuskeln, Zehen, Po, Schultern und weitere Muskelgruppen nacheinander an und lassen Sie sie wieder los.

Elefantenrennen

Es wird immer wieder vorkommen, dass ein KFZ ein anderes im Schneckentempo direkt vor Ihnen überholt und Sie nicht einfach daran vorbeifahren können.

Die Frage ist, ob Sie schon mal selbst einen LKW oder Wohnwagen gesteuert haben? Kennen Sie die dazugehörigen Schwierigkeiten und Bedürfnisse?
Ein 30-Tonner hat ein anderes Fahrverhalten als ein PKW. Wenn Sie können und wenn Sie Gelegenheit dazu haben, dann wechseln Sie die Perspektive, fahren Sie in einem LKW mit. Lenken Sie mal einen Wohnwagen, Bus etc. Die so gemachte Erfahrung vergrößert Ihre Einsicht und das Verständnis für so manches Verhalten der Berufskraftfahrer.

Gehen Sie davon aus, das LKWs nicht aus purer Freude auf den Straßen zu finden sind. Sie beliefern in aller Regel uns alle mit den notwendigen Dingen des Lebens. Wenn der Fahrer könnte, würde er auch ganz gern mal schneller sein, aber die Technik lässt es nicht zu. So sucht er sich seinen Weg und überholt auch mal bergauf einen Kollegen der ein My langsamer ist als er selbst. Das macht er, weil er vielleicht schon seit sechs Stunden am Steuer sitzt und ihm die Zeit davonläuft. Aus seiner Sicht hat er den gleichen Druck wie Sie: rechtzeitig ankommen!

Umgebung wertschätzen

Suchen Sie sich in der Umgebung etwas aus, das Sie fasziniert, oder etwas, das Ihre Aufmerksamkeit fordert. Wenn am Horizont eine Burg zu sehen ist, dann beschäftigen Sie sich gedanklich mit dem Thema Burg. Wann wurde diese wohl gebaut? Von wem? Was haben die abends ohne Fernseher gemacht?

Wenn es auf den ersten Blick nichts Entdeckenswertes gibt, dann stellen Sie sich vor, wie es war, als die Straße gebaut wurde, auf der Sie gerade fahren. Wie wurde das Land dazu vermessen? Welche Formation mag der Untergrund wohl aufweisen?
Stellen Sie sich Fragen, die Sie öffnen, die Ihre Kreativität fördern.
Seien Sie freundlich zu sich (und gerne auch zu allen anderen). Erinnern Sie sich an eine tolle Begebenheit, die Sie bestätigt. Spüren Sie die Kraft der Situation, wie sie damals war. Schwelgen sie einige Momente in der Erinnerung. Ein so kultivierter Autofahrer, wie sie es sind, lässt sich doch nicht wegen eines 5-minütigen Überholmanövers aus der Ruhe bringen.

Rote Ampeln

Jede rote Ampel kann in Zukunft als ein Signal zur Aufforderung zu einer kurzen Entspannung und/oder einer kleinen Bewegungsübung gesehen werden.

Immer wenn Sie an einer roten Ampel stehen, atmen Sie etwas tiefer. Vielleicht legen Sie sich eine Hand auf den Bauch und spüren, wie er sich beim Ein- und Ausatmen bewegt. Tun Sie dies gerade, wenn Sie es eilig haben und besonders quick durch den Verkehr kommen wollen. Anhalten müssen Sie ja sowieso. Sie können ein Ritual etablieren und immer, wenn Sie an einer roten Ampel zum Stehen kommen, ist dies die Erinnerung, sich Zeit für sich zu nehmen und eine Minipause einzulegen. Sie können den Stopp für eine Minigymnastik nutzen. Drehen Sie den Kopf zu Seite, Gähnen Sie, Dehnen Sie verschiedene Gliedmaßen oder schneiden Sie Grimassen.

Anstatt stur auf den Vordermann zu schauen, bringen Sie sich auf andere Ideen. Erinnern Sie sich zum Beispiel an einen schönen Urlaub. Bleiben Sie mit Ihren Gedanken bei sich.

Statt Stress – denken Sie an etwas Anderes!

Verfahren/Zeitnot

Wie reagieren Sie, wenn Sie sich verfahren haben? Suchen Sie als Erstes einen Schuldigen und finden ihn sogleich? Die Karte ist alt, das Navi hat zu spät gesprochen, der Beifahrer hat abgelenkt, Lesebrille vergessen, oder einfach nur, weil heute nicht Ihr Tag ist?

> Was nicht hilft: ist sich oder andere beschuldigen, den Fokus aufs Nichtgelingen zu legen, in den Ärgermodus umzuschalten.
> Besser ist: üben, sich und anderen verzeihen zu können, nach der günstigsten Methode zu suchen, um die Lage zu verbessern.

Egal ob Stau, Baustelle oder sonstige Imponderabilien, für gewöhnlich ist es die (verlorene) Zeit, die den Terminplan durcheinanderbringt und Ärger verursacht. Menschen, die gerne pünktlich sind, kommen da schnell ins Schwitzen.
Wer mit Navi unterwegs ist, dem wird eine Schätzung der restlichen Fahrzeit bis zum Zielort angezeigt. Liegt die zu er-

wartende Ankunftszeit am Zielort mehr als zehn Minuten später als geplant, ist es ein feines Verhalten, wenn dann der Termin-Partner über die Verspätung informiert wird. Dauert es wider Erwarten doch einiges länger, dann wird nochmals telefoniert, so dass sich der Gesprächspartner ein Bild von der Situation machen kann.

Kennen Sie den Unterschied zwischen
pünktlich und **rechtzeitig** ankommen?

Was stört daran, dass Sie sich verfahren haben? Für gewöhnlich ist es die verlorene Zeit. Nun, ich kann Sie beruhigen, die Zeit ging nicht verloren, denn Sie haben Sie ja erlebt. Sie wollten nur die Zeit für etwas Anderes nutzen. Meistens geht es hier um das pünktliche Ankommen.

Pünktlichkeit ist die Höflichkeit der Könige, habe ich einmal gelernt. Ich bin zwar nicht als Regent auf die Welt gekommen, habe aber immer treu nach diesem „Mitderzeitumgehritual" agiert. Dadurch habe ich mir so manchen Stress eingehandelt.

Kaum unterwegs, war es bei mir gefühlstechnisch immer fünf vor zwölf. Eine Minute Verspätung bedeutete höchste Missachtung des Gesprächspartners. Stress von Anfang bis Ende der Reise — was für eine Energieverschwendung.

Eine wichtige Erkenntnis in meinem Leben war zu lernen, dass es wesentlich **wichtiger ist, rechtzeitig** anzukommen, als pünktlich zu sein.

Ich bemühe mich immer noch, pünktlich zu sein, aber der Druck ist weg. Merke ich, dass ich mich um mehr als zehn Minuten verspäten werde, dann rufe ich meinen Gesprächspartner einfach an und die Kuh ist vom Eis. Wozu gibt es Handys? Genau für diese Fälle.

Rechtzeitig anzukommen bedeutet, dann sein Ziel zu erreichen, wenn der Gesprächspartner bereit für den Termin ist.

Manchmal passiert es, dass ich irgendwo fünf Minuten zu spät klingele und feststelle, dass mein Gegenüber jetzt erst ein wichtiges Telefonat zu Ende geführt hat. Dann passt die Situation doch optimal, oder?

Ein Beispiel: Meine Frau und ich fuhren zu einem zweitägigen Seminar. Am ersten Tag, einem Samstag, ging es um 10 Uhr los. Wir waren um 9:45 Uhr dort. Am zweiten Tag jedoch fuhr ich gedankenverloren die Autobahn entlang und verpasste das Autobahnkreuz. Nach ein paar Kilometern haben wir beide das gemerkt, uns angeschaut und gelacht. Wir sind dann um 10:10 Uhr angekommen, hatten uns also etwas verspätet.

Und was geschah? Nichts! Wir waren nicht die Letzten, die hereinkamen. Es waren nur noch hinten Plätze frei, und wir haben uns durch das Zu-spät- oder besser Rechtzeitig-Kommen zu den richtigen Menschen gesetzt – Menschen, die zu uns passten, und wir konnten eine neue Freundschaft aufbauen. Geniale Taktik.

Baustelle

Eine Baustelle mit Umleitung kann ein Geschenk sein! Vielleicht entdecken Sie durch die neue Streckenführung ein interessantes Restaurant, eben weil Sie in einer Straße entlangfahren, die Sie sonst nicht benutzen.

Fernab von der gewöhnlichen Route/Routine ist das Gehirn um ein Vielfaches bereiter, neue Informationen aufzunehmen. So gesehen stellt eine Umleitung immer eine Bereicherung dar. Neue Wege bereichern die Gebietskarte im Kopf und führen zu neuen „Ansichten" – helfen so heraus aus dem Alltagstrott.

Beobachten statt Ärgern!

Eine unerwartete Baustelle kann eine positive Abwechslung darstellen. Anstatt in den Nörgelmodus zu verfallen, schlüpfen Sie nun in die Rolle eines Baustellenprüfers und fragen Sie sich, was hier wohl gebaut wird. Wie ist der Planungsstand? Wie viele Menschen sind beteiligt?

Versuchen Sie, Details herauszufinden. Wie viele Tonnen Kies werden wohl benötigt? Was wird hier eigentlich gebaut?

Ist die Baustelle über längere Zeit Ihr Begleiter, dann merken Sie sich an einem Tag Details und prüfen, ob Sie diese auf dem Rückweg oder am nächsten Tag wiedererkennen.

Letztendlich hat eine Baustelle einen Zweck, auch wenn es manchmal nicht danach ausschaut oder wir scheinbar keinen Fortschritt erkennen können. Gehen Sie besser davon aus, dass die Bauarbeiten Sinn machen und nützlich sind.

Radfahrer

In Deutschland verfügen ca. 80 % aller Haushalte über mindestens ein Fahrrad. Laut Statistisches Bundesamt sind das rund 68 Millionen Drahtesel. Somit sind auf deutschen Straßen mehr Fahrräder als Kraftfahrzeuge unterwegs. Fahrräder sind also ein äußerst beliebtes und häufig vorkommendes Verkehrsmittel.

Klaus Kampmann unterstützte als Berater eine TV-Produktion des Senders Disney Chanel zum Thema Konflikte zwischen Rad- und Autofahrern. Gerade in flachen Großstädten wie Berlin oder Hannover, wo beide Gattungen besonders häufig vorkommen, gibt es immer wieder Zwist. Moderiert durch Jan

Köppen wurde ein Tag lang das Experiment gemacht, die Rolle des Fahrradkuriers und des Taxisfahrers zu tauschen.

Am Ende des Tages war klar, für beide Parteien war es nicht einfach. Radfahrer, die nun mit dem Taxi durch Berlin fuhren, verhielten sich sehr vorsichtig – zum einen, weil das Autofahren nicht so gewohnt, und zum anderen, weil häufig, insbesondere beim Abbiegen, nach möglichen Fahrradfahrern Ausschau gehalten wurde.

Die Taxifahrer auf dem Rad bewegten sich ebenfalls etwas unsicher, aber auch vorsichtig. Sie achteten peinlich darauf, den Radweg zu finden und zu benutzen, weil sie sich da sicherer fühlten. Das Abbiegen ging stets mit einem prüfenden Blick einher, denn es könnte ja ein Auto kommen.

Der Perspektivenwechsel hat dafür gesorgt, mehr Verständnis für den anderen zu entwickeln. Gleichzeitig hatten die Teilnehmer gemerkt, dass der Rollenwechsel einen ordentlichen Einfluss auf das eigene Verhalten ausübt. Beide Parteien haben etwas gelernt und sind nun mit mehr Einsicht für die jeweils andere Form der Verkehrsbeteiligung unterwegs.

In der Realität kommt es also darauf an, dass sämtliche Parteien Rücksicht aufeinander nehmen.

Hierfür sind situative Fragestellungen hilfreich.

Als Autofahrer fragen Sie sich: „Wie fühlt es sich wohl für einen Radfahrer an, wenn das Auto mit einem halben Meter Abstand an ihm vorbeifährt?"

Als Radfahrer fragen Sie sich: „Welche Reaktionen provoziere ich bei den Autofahrern, wenn ich stets über rote Ampeln fahre?"

Günstig für beide Seiten ist: klaren Kopf bewahren, sich an die Verkehrsregeln halten und Toleranz üben.

Stressfrei durch die Stadt

Wenn Sie in der Stadt unterwegs sind, können Sie die vielen Verkehrsschilder nutzen, um auf neue Gedanken zu kommen. Beginnen Sie, die Verkehrszeichen neu zu interpretieren. Sind mehrere Personen an Bord, dann können Sie einen Wettbewerb daraus machen, wer die kreativste Idee entwickelt.

 Geben Sie den guten Gedanken stets die Vorfahrt.

 Sagen Sie stopp zu Ihrem Ärger und Ihrer Wut.

 Verlassen Sie gedanklich Einbahnstraßen, die Sie in schlechtere Gefühlszustände bringen, so früh wie möglich.

Kapitel 5
Amüsante Geschichten und Impressionen

Eine Geschichte von Vollgaslern und Ersatzpolizisten
Aus den Erinnerungen eines genervten Verkehrsteilnehmers

Man könnte Romane schreiben über die Erlebnisse beim Autofahren. Das Beobachten der Verkehrsteilnehmer müsste doch jeden Psychologen elektrisieren. Unlogisches, sogar unwirsches Verhalten sind keine Seltenheit.

Kaum steigt Homo sapiens in seine selbstvorantreibende Blechbüchse, schon dominieren die evolutionsgeschichtlich älteren Hirnareale. Als ginge es ums nackte Überleben – es geschehen ein Hauen und Stechen mit Lichthupe und Gaspedal.

Achtung! Es ist nicht ganz ungefährlich, nachts an einer Ampel einem anderen Verkehrsteilnehmer Handzeichen mit den Extremitäten hin zur Schädelgegend zu geben. Und so manches gezielte Ausstrecken der Gliedmaßen zwischen Zeige- und Ringfinger brachte – in der Folge – schon körperliche „Konfliktigkeiten".

Backstein?
Es ist sicherlich gemein, wenn jemand so dicht vor einem herfährt. Er könnte doch locker den Abstand verringern, wenn er mit der Geschwindigkeit das Gegenteil tun würde.
Vielleicht hat ihm seine Frau die Socken so steif gebügelt, dass er kein Gefühl mehr für das Gaspedal hat und es deshalb lieber schont. Wer weiß, vielleicht hat er auch einen Backstein

hinters Gaspedal gelegt, um durch diese geschickte Art der Vollgasvermeidung Energie zu sparen. Wer weiß?

Damals und heute

Damals in den Sechzigern, das waren noch Zeiten. Als es noch etwas Besonderes war, dass Mutti vielleicht einmal in der Woche/Monat/Jahr(?) das heilige Familien-KFZ lenken durfte. Sie ging mit dem Wagen um, als ob es das wertvolle Hutschenreuther-Porzellandöschen wäre.

Der Verkehr war damals noch sehr überschaubar. Im Gegensatz zu heute. Damals gab es an genügend Straßen, Parkplätzen und Zeit. Alles ist weniger geworden, nur die Zahl der Autos steigt stetig.
1960 waren ca. fünf Millionen PKWs in Deutschland gemeldet, im Jahr 2016 sind es bereits 45 Millionen. Gleichzeitig haben sich aber die Parkplätze und Straßenkilometer nicht verneunfacht. Somit ist klar, warum es kein Wunder ist, dass Stress und Hektik allerorten anzutreffen sind.

Obwohl die Autos technisch immer raffinierter werden, gelingt es uns nicht wirklich, viel schneller ans Ziel zu kommen – dafür aber um einiges komfortabler. Wenn wir nur 20 Jahre zurückschauen, wie es damals war, als Alleinfahrender in einer fremden Stadt nach dem Weg zu fragen.
Da ist man rechts rangefahren, hat sich über den Beifahrersitz ausladend hinübergebeugt, die Fensterhebelkurbel bedient und nach dem Weg gefragt, „danke" gesagt und ist mehr oder

weniger gut am Ziel angekommen. Das Ganze war eine Prozedur für sich.

Heute sagt uns Gabi, so wollen wir mal die weibliche Stimme im Navi benennen, egal, wo wir gerade weltweit unterwegs sind, wo es langgeht. Sie kennt sich scheinbar überall aus. Lotst einen aber, wenn man nicht aufpasst, mal in eine Baustelle oder einen Brückenaufgang für Fußgänger.

Klimaanlage, MP3-Radio, automatischer Kofferraumdeckelöffner, Doppelverglasung, Massagesessel, 220-Volt-Steckdose. Ja, mit früher verglichen können wir uns heute wie in einem fahrbaren Wohnzimmer fühlen. Dem Fortschritt sei Dank.

Linksspurbesitzer

Kennen Sie die Linksspurbesitzer? Die nur links fahren, um anderen zu zeigen, welche erstaunlichen Fähigkeiten sie besitzen?

Sie haben die Fähigkeit, die angegebene Höchstgeschwindigkeit um genau 2 km/h dauerhaft zu unterschreiten, und weil sie ja im Recht sind, sind sie von der Rückspiegelschau befreit.

Fährt nun ein Vollgasler hinter einem solchen Erziehungsmodell – oder auch Ersatzpolizisten – hinterher, ist der Tag versaut. Ziel erreicht!

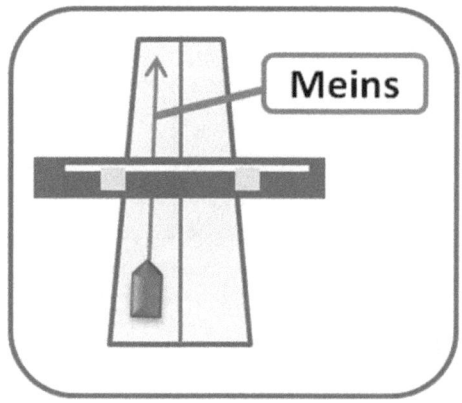

Manchmal frage ich mich dann schon, ob da irgendwo eine Kamera versteckt ist. Gibt es eine Guiness-Buch-Kategorie für dieses Verhalten? Ich hab's aufgegeben zu ergründen, was die Motivation sein könnte. Manche überholen dann einfach rechts mit vorheriger Betätigung der Lichthupe und während des Vorbeibeschleunigens mit Hupsignal, was natürlich verboten ist.

Oder Sie suchen sich die nächste Ausfahrt und fahren dann auf der Bundesstraße eben mal an ihm vorbei. Oder, je nach Lust und Laune, halten Sie dann an einer Autoraststätte und genehmigen sich einen (Kaffee). Und machen ein paar Entspannungsübungen, wie im Buch hinreichend beschrieben. Ja dann geht's einem doch gleich spürbar besser.

Kreuzungsspurter!

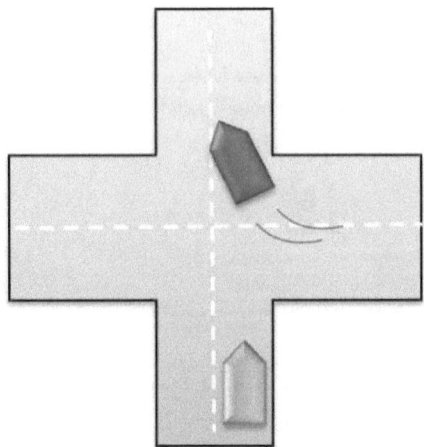

Was ich sehr negativ zu schätzen weiß, ist die Situation, in der Autofahrer im Eiltempo in die Kreuzung einbiegen, und zwar so, dass man meint, die Hütte brennt, der wird von Miami Vice verfolgt.

Nix da! Der dümpelt dann, wenn er auf der Allee angekommen ist, im Schneckentempo auf freier Bahn direkt vor einem her.

Erst Vollgas, dann nicht mehr wissen, wo das Gaspedal angeschraubt ist. Wie geht das bitte? Warum macht er das? In solchen Situationen dachte ich dann immer: „Ich lass nie mehr jemanden vor mir auf die Hauptstraße, Mann, ich schwör's!"

Lageristen

Das ahne ich schon dienstags, auch wenn ich erst donnerstags nach Köln muss. Da wird wieder ein ewig Suchender vor mir erscheinen!

Ich nenne sie auch Lageristen, wenn sie suchend nach einem Lagerplatz für ihr „heilig's Blechle" Ausschau halten.
Manche haben da Taktiken drauf! Mir schwillt jetzt schon der Hals, wenn ich nur daran denke. Wie umständlich manche ihre überdachte Zündkerze abstellen, das sollte gefilmt werden. Warum gibt es hierfür noch keine Fernsehshow mit Prangereffekt? Der King der Umstandsfuzzis wird monatlich öffentlich bekannt gegeben.

Nörgelnde Nebensitzer

Sie schaut ihn an und sagt „Siehst du denn nicht, dass Grün ist?!"
Er hängt gelangweilt hinter dem Steuer. „Ja, danke, ich bin ja nicht blind. Außerdem fahre ich so, wie es mir passt!"
Sie: „Ich wollte doch nur sagen, dass es jetzt weitergeht."
Er: „Du nervst schon die ganze Zeit mit deinem Getue."

Eine Stunde zuvor:
Sie: „Vorsicht, der vor dir bremst". Dabei stampft ihr rechter Fuß gegen das Bodenblech, als wollte Sie von 150 auf null abbremsen. Er: „Mann das sehe ich doch selber, diese Trantüte da." Sie: „Du fährst immer zu schnell." Er: „Auf dem Gehweg ist noch Platz (für dich) – soll ich anhalten?"

In solchen Fällen bin ich für die Einführung des Nass-Spritz-Paragraphen! Man darf den Nörgler mit der Wasserspritze nassspritzen. Denn nichts stört mehr als eine Verkehrserziehung nach 20 Minuten Bekanntschaft, respektive 20 Jahren Ehe.

Egal, ob Mann oder Frau am Lenker,
belehren nervt – zum Henker.

Ein Gedicht zu diesem Thema:

Möchten Sie Ihrer Liebsten mitteilen,
dass sie möchte sich beeilen?

Dann tun Sie das allerorten
stets nur mit liebevollen Worten

Sonst wird sie sich vielleicht wehren
und dafür von Ihnen abkehren

Also im Straßenverkehr immer aufgepasst,
welches Wort für wen verfasst

Nach einer nervenden Diskussion zum Fahrstil stellt er sich taub und fragt: „Was Omis Tanz?" – „Nein, ich sagte ‚Dominanz'." So wurde im Verlauf des Gesprächs aus dem Rentenversicherer das Rentiergekicher. Bis sie dann schließlich meint: „Ich glaub, du hörst mir nie richtig zu." Seine Gedankenantwort lassen wir besser mal im Nirwana schweben ...

Die Volksgruppe der Unentschlossenen

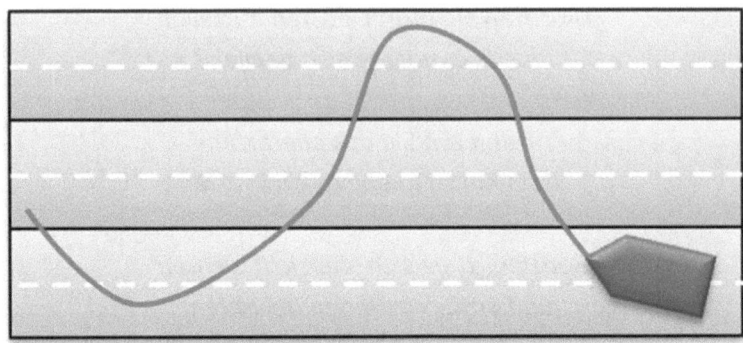

Klar, wenn ich durch meine Stadt fahre und mir das Nummernschild, das ich direkt vor meiner Stoßstange lesen kann, die Auskunft gibt „Ich bin nicht von hier", sondern aus irgendeinem Landstrich, der weit, weit weg, womöglich hinter den sieben Bergen oder noch weiter weg liegt, dann weiß ich, was ich machen muss: erst mal tief Luft holen, entspannen, irgendwas Tolles am Straßenrand ausmachen. Bloß nicht erahnen wollen, wo das blinkerlose KFZ vor mir als Nächstes hinwill. Ja, wir pendeln über alle vier Spuren so mal ganz locker rüber und wieder zurück. Das ist dann fast wie auf der Champs-Élysées. Jeder geht davon aus, der andere wird schon merken, was ich vorhabe. Nur das klappt hier halt nicht – weil, weil, weil hier die Heimat der Gattung der spurtreuen Spurbesitzer ist. Dem Kraftfahrer gehört genau die Spur, auf der er gerade fährt. Wenn's eng wird, fahren wir lieber falsch, anstatt abzubiegen, um zu vermeiden, die so lieb gewonnene Fahrrinne verlassen zu müssen.

Nun, Mr. Unentschieden vor mir blinkt auf einmal unerwartet. Ha, den Trick kenne ich schon. Der wird garantiert nicht abbiegen. Ich bleib mal auf'm Gas. Autsch, das wäre beinahe ein Fall für meine Versicherung geworden. Es gibt halt doch keine gültige Verhaltensregel für diese Straßenflegel.

Weil das so anstrengend ist und ich dadurch ermüde, verlange ich von der Autoindustrie, einen Espressoautomaten in die Konsolen zu integrieren. Dann könnte ich länger wach bleiben. Wenn mir jetzt noch fünf weitere Autofahrer zustimmen, gründen wir einen Verein, nein, einen Verband oder besser eine Lobby, die das im Bundestag durchbringt!

Träumer, Kurzsichtige und Nebenbeschäftigung

Was macht der da eigentlich? – Autofahren ist es jedenfalls nicht.

Frisch verliebt, das könnte ich nochmal durchgehen lassen. Erinnere mich ja auch gerne mal daran, wie das war, damals.

Träumen ist sinnvoll fürs Hirn, da werden Erlebnisse neu sortiert. Aber in einer so immens wichtigen und konzentrationsabverlangenden Sache wie aktiv „straßen-zuverkehren" geht das nicht. Trotzdem gibt es die Sorte der Liedermacher-Singer-Pfeifer. Ja, das sind manchmal echte Pfeifen. Pfeif drauf.

Und die Suchenden, die Ihre Gedanken irgendwo verloren haben. Die ständig Abgelenkten, die nie da sind, wo sie sich gerade befinden.

Diejenigen, die zu schielen scheinen, als könnten sie nicht

geradeaus sehen. Haben den Kopf links, rechts, links, rechts – vielleicht gibt es ja eine neue Yoga-Bewegung und keiner hat es mir gesagt. Oder in der Apothekenumschau stand ein Tipp vom Orthopäden, dass sie den Kopf stets bewegen sollen. Ähnlich wie in den Bollywood-Filmen: Kein Inder hält den Kopf still. Von klein auf wackeln sie ihn hin und her. Weil wir das nicht hinkriegen, haben wir wohl den Wackel-Dackel erfunden. Eine echte technische Raffinesse aus den sechziger/siebziger Jahren.

Achtung! Steht so einer auf der Hutablage, dann reicht der dritte Gang auch auf der Autobahn vollkommen aus. Vor allem, vor allem dann, wenn nämlich zum Wackel-Dackel auch die gehäkelte Klorolle hinzukommt. Ein solch fahrendes Heimatmuseum kann nicht rasen, da wäre die Idylle dahin, das verstehe ich.

Und dann noch die Jungspunte, die mit ihrem Handy während des Fahrens ganze Romane ins soziale Netz posten – das geht gar nicht.

Parkplatz verloren

Die einen, die Lageristen, die finden keinen Parkplatz, die anderen hatten einen und verlieren ihn. Wie das geht? Ganz einfach mit Amnesie. Es gibt Parkhäuser, die sind so riesig, dass man wirklich eine gute Chance hat, das eigene Auto innerhalb der 15 Minuten Ticketvalidität nicht rechtzeitig aus der Monsterhöhle herauszubekommen. Also schreiben wir uns Parkdeck, Parkplatznummer, Parkdeckfarbe und unser eigenes KFZ-Kennzeichen fein säuberlich hinters Ohr bzw. aufs Parkticket. Damit wir es nach dem Samstag-Shopping-

Event in der fremden Stadt wiederfinden. Nun heißt es nur noch: Ticket nicht verlieren.

Augenleiden?

Ich dachte, es gibt schon genug Brillenwerbung im Fernsehen. Das scheint aber immer noch nicht auszureichen, oder kann es sein, dass genau die Zielgruppe, die Kurzsichtigen, das gar nicht sehen kann, was dort gezeigt wird? Eine Ironie, die mir gefallen würde. Ich schreibe diese Erkenntnis mal an die Brillenindustrie.

Ja, es gibt soooo viele Kurzsichtige im Straßenverkehr. Die sehen nur bis zum Lenkrad, sehen nicht, dass vor ihnen frei ist, sonst würden sie doch fahren, oder?

Keine Ahnung, warum die das machen. Aber ich flehe die Fahrlehrer an: Sagt euren Schülern bitte, dass das Autofahren keine Nebensache ist. Lasst euch geloben, dass sich die zukünftigen Wagenlenker im Straßenverkehr stets aufrecht sitzend, hellwach und sich der Verkehrsregeln bewusst, umschauend, zügig vorwärtsbewegen und wenn sie mich sehen, sofort an die Seite fahren und vorlassen, Amen.

Andere fahren anderswo ganz anders

Ich war mal in Mexiko-Stadt – was man da morgens erleben kann, ist außergewöhnlich für uns, zumindest bis heute. Männer, die sich rasieren (nass und trocken, beides erlebt), die Hemden wechseln, den Schlips binden, Zeitung lesen. Frauen, die sich komplett (!) – ich hab natürlich weggeschaut – anziehen, gehen mit dem Pyjama in den Wagen, schminken sich, lackieren die Finger- und Fußnägel, berichten irgendje-

mandem nebenher, was alles so läuft, per am Hals einge-
quetschtem Handy. Toll, wie die das hinbekommen. Blickt
man in den Innenraum der Fahrzeuge, so kann man kom-
plette Wohnungsausstattungen erkennen. Was da noch fehl-
te, war ein wegklappbares Waschbecken, in dem man die
Bartstoppelen hätte runterspülen können. Ja, der Mensch hat
die Gabe, sich anzupassen. Immer und überall.

Gedankenstau

Die beste Position im Stau ist ganz vorne – ganz weit hinten
ist manchmal richtig schlecht.

Da hat man Navigationssystem und Autoradio an und ist
technisch gesehen gegen das Nichtschlangestehen im Stau so
gut wie möglich gewappnet – denkste! Vorne sehe ich schon
die Warnblinker über alle drei Spuren, die Masse schiebt sich
quälend langsam vorwärts. Jetzt stehe ich im Stau und
schwupps kann ich ihn auch auf meinem Navi ganz genau
erkennen. Ich gaaaaanz hinten, wenige Kilometer nach der
letzten Ausfahrt und zehn Kilometer bis zur Stauspitze. Der
Augeninnendruck steigt. Wäre ich doch bei der letzten Tankstelle rausgefahren, die Tanknadel wickelt sich schon fast um
den Nullpunkt. Kaum zwei Minuten später höre ich auch im
Radio, dass vor dem Stau, mit mir mittendrin, gewarnt wird.

Jetzt bloß nicht ans Klo gehen denken, Kaffee trinken, Kuchen
essen – das alles am besten jetzt ganz vergessen.

Es stauen sich nicht nur die Autos vor mir, nein, auch meine Gedanken stehen im Stau. Ich schaue und sehe stehende Autos. Mein Gehirn denkt stehende Autos, wie langweilig.

Ich besinne mich darauf, dass ich Steuern zahle und mir wünsche, diese würden für die Erforschung des Beamens eingesetzt. Im Raumschiff Enterprise ist das „Daily Business", also nichts Besonderes. Im subatomaren Bereich soll es sogar schon funktioniert haben. Irgendwann sollte es uns auch gelingen, asphaltrollendverschont woanders anzukommen.

Machos, Vollgas und Ampeln
Neulich sah ich zwei junge Männer in Elektroautos an der Kreuzung stehen und sie sahen sich an. Ich bin mir sicher, dass jeder von beiden versuchte, das Gaspedal bei gedrückter Kupplung zu drücken, um mit dem Aufheulen des Motors die PS des Autos für sich sprechen zu lassen. Aber bei einem Elektromobil geht das halt nicht. Wahrscheinlich gibt es bald Geräuschmacher als Zubehör zu kaufen und die Machos können dann elektronisch erzeugtes Motorgeheul per Pedaldruck erzeugen.

Achtung Nichtraucher

Seien Sie vorsichtig, wenn Sie über die Straße gehen. Menschen, die sich angewöhnt haben, nach Gehör die Straße zu überqueren, leben zunehmend gefährlicher. Denn die abgasfreien, nicht rauchenden Elektroautos kommen fast lautlos um die Ecke. Bei niedrigen Geschwindigkeiten, bei denen das Abrollgeräusch nicht ins Gewicht fällt, scheinen sie sich von Geisterhand zu bewegen. Deshalb ist eine neue Art der Vorsicht geboten. Das berühmte nach Links-und-rechts-Schauen ist unabdingbar, besonders, wenn sich ein Smombie nur aufs Hören und die sichtbaren Meter vor den Füßen verlässt.

Beobachtung der Jahreszeiten

Der falsche Umgang mit den richtigen Jahreszeiten. Wenn man die Verkehrsteilnehmer übers Jahr beobachtet, dann bekommt man den Eindruck, als ob sich die Verkehrsteilnehmer für die vier Jahreszeiten abstimmen und bestimmte Verhaltensweisen annehmen.

- **Frühling**, in meiner Übersetzung: Achtung, nun kommen Motorradfahrer, die schon am ersten Sonnenscheinsonntag den Geschwindigkeitsrekord vom letzten Jahr brechen wollen.

- **Sommer**, das ist die Zeit der intensiven Signalhornnutzung. Irgendein Automobilclub hat heimlich einen Aufruf gestartet, die Hupe zu testen. Immer und immer wieder.

Wir haben Energie in unserem Körper. Wir wollen etwas erleben, das geht halt nicht im Stehen. Ungeduldig schauen wir auf den rechten Arm des Vordermannes und warten, dass er endlich den Gang einlegt. Solange sich da nichts tut, fühlt es sich an wie FOLTER. Millisekunden, bevor die Ampel von Rot nach Grün schaltet, wird schon gehupt, egal ob der Vordermann sich bereits in Bewegung gesetzt hat oder nicht.

Herbst, alles paletti. Wir haben es drauf, die Raser und Huper sind verschwunden oder sitzen wieder im Büro. Die Urlaubskolonnen haben sich verzogen.

Halt, ich hätte es beinahe vergessen, im Herbst gibt es ja den Herbstnebel. Da ist Vorsicht geboten, vor den Paradoxlenkern. Die lenken ihr Fahrzeug schneller als sonst, denn es könnte ja einer hinten drauf fahren. Wer bremst, hat schwache Nerven, wer schneller fährt, ist ein Siegertyp. Die rote Schlussleuchte, die dem Nebel signalisiert, dass er da ist, wird geschont bis zum Abwinken. Eingeschaltet wird sie dagegen am allerliebsten sonntags bei Regen. Ab November ist eh alles Grau in Grau, die Hautfarbe macht da voll mit, die Laune leider auch.

Winter, es genügt vollkommen, dass in der ganzen Republik nur eine einzelne klitzekleine Schneeflocke vom Himmel fällt, und das Chaos bricht los. Hintergrund: Wir wollen die Zerstörung des wunderbaren Kristallgebildes nicht riskieren. Also gehen wir in den Schutzmodus der Autofahrergilde. Wir faaahren gaaanz laangsam und vooorsichtig.

Außerdem ist es auch nicht witzig, einem riesigen LKW, der noch Sommerreifen draufgeschnallt hat, eine schneebedeckte Passstraße hinauf zu folgen. Allein das ist schon ein Grund, den Frühling wieder herbeizuwünschen.

A – Z stressfrei Autofahren für Dummies

A	Auto	In der Mannsprache: meins, ich teile es nicht, mit niemandem, **niemals**.
	Aufgefallen	Wenn meine Frau vom Frisör wieder nach Hause kommt, richtet sie zuerst ihre Haare. Wenn sie in der Stadt Klamotten kaufen war, ist das Erste, was Sie tut, wenn sie zuhause ist, die neuen Sachen alle nochmals anzuziehen. Zum Glück aber macht sie keinen Ölwechsel, wenn sie mal in der Autowerkstatt zur Inspektion war.
B	BeifahrerIn	Kann gut sein, muss aber nicht.
	Blinker	Nervt nachts an der Ampel. Denn es ist ein langweiliger Morsecode fürs Gehirn. Manche Hersteller haben die Blinker so hell konstruiert, dass es einen schon fast hypnotisiert. Ähnlich wie im Film „Der Exorzist", als der Pfarrer und das Mädchen an eine Hirnfunzel angeschlossen sind.
C	Citroen	Hersteller zweier bemerkenswerter Gefährte: deux chevaux, die schnodderige Ente, und noch schöner das elegante Modell DS.
D	Doppelvergaser	Ich vergas beinahe doppelt, dass ein einfacher Vergaser kein Versager ist.

E	Einparken	Einparken ist geschlechtsspezifisch. Männer parken ein. Frauen testen, probieren überlegen, tasten sich vorwärts und stellen sich dann doch schräg gegen die Fahrtrichtung.
F	Ferrari	Ferrari, das Auto in der Farbe des Campari. Werden die Ferrarilacke auch aus toten Läusen hergestellt?
G	Gaspedal	Der Spaßhebel für den Fuß. Sorgt für direkte Endorphineinspritzung im Gehirn.
H	Heiligs Blechle	Siehe Auto
	Handschuhfach	Wie heißt der Stauraum für Bierdosen? Handschuhfach; warum nur?
	Heckscheibenheizung	Auch wenn der Innenraum eiskalt ist, die Scheibe hinten darf als Erstes schwitzen.
	Halogenscheinwerfer	Wer wirft etwas und macht nix kaputt? Der Halogenscheinwerfer. Vollkommen geräuschlos wird der Schein des Halogens geworfen.
I	Innenbeleuchtung	Anachronismus pur! Geht aus, wenn man was sucht. Bleibt an, wenn man nachts durch die Scheibe was erkennen möchte.
J	Jaulen	Motorjaulen ist Musik für den Autophilen.
	Jaguar	Was passiert bei einem Jaguar, wenn man den Tiger in den Tank packt?

K	Kotflügel	Wer hat sich denn diese Fäkalie ausgedacht?
L	Lichthupe	Der Spaßhebel für Straßenflegel.
M	Martinshorn	Der Name leitet sich ab vom Unternehmen Deutsche Signal-Instrumenten-Fabrik Max B. Martin, einem Hersteller von Kompressor-Tonfolgeanlagen mit Sitz in Philippsburg. Der Begriff „Martin-Horn" ist markenrechtlich geschützt. (Wikipedia) Also doch kein Trinkhorn, schade!
N	Nummernschild	Fahrbare Adresstafel
O	Ordnungswidrigkeit	Das Wort ist allein schon widrig. Ordnungshüter, sind das die Hersteller der Hüte für die Ordnung?
P	Parkscheibe	Die Scheiben, die durch den Park fliegen, heißen eigentlich Frisbee.
	Politesse	Dame mit Geldbusen.
Q	Qualm	Tja, wenn die Zylinderkopfdichtung mal schlappmacht, dann gibt das Auto auf und signalisiert weiße stinkende Rauchzeichen.
R	Rückspiegel	Wozu? (Vielleicht zum Rasieren?)
S	Seitenschweller	Wird viel zu wenig beachtet. Man könnte auch die Türe ausbauen, um ihn besser zu sehen.
	Sattelschlepper	Pferd?
	Scheibenwischer	Strafzettelhalter

T	Türgriff	Modisches Utensil, das bald nicht mehr nötig ist.
U	Unimog	Mein Lieblingsauto Unimog heißt Universalmobilgerät, die häufigste Lieferfarbe ist Grün.
V	Verkehrszeichen	Es gibt zu viele, im Stadtverkehr alle 10 m eins, um diese Informationen korrekt zu verarbeiten, müsste big blue ,ne kleine Ewigkeit rechnen, um sie alle zu entschlüsseln.
	Vorderradantrieb	Fährt ein Auto mit Vorderradantrieb eigentlich schneller?
W	Wagen	Siehe Heiligs Blechle
	Wagenheber	Starker Mann?
X	Kreuzsteckschlüssel	Wenn beim Reifenwechsel der Schuss ins Kreuz geht, dann liegt das auch am Schlüssel.
Y	Y-Tours	Die Nummerntafel mit Y verrät: Hier fährt umher ein Ausflugsgerät unserer Bundeswehr.
	Y-Adapter	Cooles Teil, aus eins mach zwei.
Z	Zündkerze	Wenn der zündende Funke überspringt, dann geht es los.
	Zahnriemen	Kombination aus Gebissteilen und Lederstreifen?

Kapitel 6   Ausblick – Nützliches – Interessantes

Erkenntnisse:

Wenn wir wollen, dass andere etwas sollen,
werden wir meistens unglücklich.

Da wir die anderen nicht ändern können, ist es an uns, unser Denken und Verhalten zu ändern. Herr Johann Wolfgang von Goethe hat aber einen Weg gefunden. Er sagte einmal: „Behandle die Menschen als wären sie schon so, wie sie sein sollen, so bringen wir sie dorthin wo wir wollen."
Für den Alltag heißt das: Seien Sie ein Stück freundlicher, zuvorkommender, als Sie es bisher gewohnt sind. Der Erfolg stellt sich von alleine ein.

Falsche Fragetechnik
… führt zu schlechter Laune.

Wenn Ihnen der Bus vor der Nase wegfährt und Sie sich dann fragen: „Warum passiert mir das jetzt?", oder Sie fragen sich in irgendeinem anderen Kontext: „Warum gerade ich?" dann ist schlechte Laune vorprogrammiert.
Meine Erfahrung ist: Es gibt keine vernünftige Antwort darauf. Fragen Sie sich lieber, was Sie anstelle dessen gerne erleben würden? Wie fühlt sich das an?
Und Sie wissen ja, wenn Sie merken, dass Stressgedanken aufkommen, dann denken Sie etwas Anderes.

Ich glaube an das Pferd.

Das Automobil ist eine vorübergehende Erscheinung.

Wilhelm II., (1859 – 1941), letzter deutscher Kaiser
und preußischer König von 1888 bis 1918

Auto: Pferdestärke, anvertraut an Esel.

Unbekannt

Manche Fahrer kennen nur den VorwärtsDrang,

weniger bekannt ist da der RücksichtsGang.

*Reiner Menzel, (*1938), Aphoristiker*

Staus sind höhere Gewalt. Oft ausgelöst von Fahrern,

die ihre Gewalt über das Auto verloren.

*Erhard Blanck, (*1942), deutscher Heilpraktiker,*
Schriftsteller und Maler

Solange man keine Äpfel per E-Mail verschicken kann,

müssen wir uns die Straße teilen!

Aufkleber auf einem LKW

Stau muss etwas Schönes sein,
sonst würden nicht so viele mitmachen.

Heinz-Dieter Bludau, (*1949), Lehrer im Fachbereich Finanzen
der Fachhochschule des Bundes für öffentliche Verwaltung

Unsere Gedanken bestimmen, ob wir im Leben unglücklich
oder glücklich sind. Wir schaffen die Welt, in der wir leben, in
unserem Geist. Daraus folgt, dass wir die Gedanken pflegen
müssen, die Glück erzeugen.

(Norman Vincent Peale, US-amerikanischer Pfarrer
und Publizist, 1898 – 1993)

Die größte Gefahr im Straßenverkehr sind Autos,
die schneller fahren,
als ihr Fahrer denken kann.

Robert Lembke

Wenn ich die Menschen gefragt hätte,
was sie wollen,
hätten sie gesagt schnellere Pferde.

Henry Ford

Nützliche Links

Allgemeine Informationen zur Verkehrssicherheit und zur Fahrökonomie:

http://www.deutsche-verkehrswacht.de/

Deutscher Verkehrssicherheitsrat:
http://www.dvr.de/

Bundesverkehrsministerium:
http://www.bmvi.de/

Meldungen und Informationen zu Baustellen:
http://www.bast.de

Aktuelle Stauübersicht bundesweit:
http://www.verkehrsinfo.de/

Aktionen und Gemeinschaftsseiten von BMVI & DVR:
http://runtervomgas.de
www.verkehrssicherheitsprogramme.de
http://www.germanroadsafety.de/

Empfohlen wird, alle paar Jahre ein Fahrsicherheitstraining, zum Beispiel verbunden mit dem Neukauf eines Fahrzeuges, zu absolvieren. Die Fahrsicherheit bleibt dadurch auch in brenzligen Situationen erhalten. Ebenso empfiehlt es sich, die Erste-Hilfe-Kenntnisse ab und an aufzufrischen, damit bei einem Unfall in oder außerhalb des Straßenverkehrs auch gute Hilfe geleistet werden kann.

Ausblick

Im ZDF Heute Journal vom 18.10.2016 wurde eine Reportage über mögliche Verkehrstechnik von morgen mit dem Titel „Wenn sich die Ampel nach dem Auto richtet" gezeigt.

Das Szenario geht ungefähr so: Die Ampel schaltet automatisch auf Grün, wenn ein vernetztes Auto kommt, und das Auto fährt von alleine langsamer, wenn es sich einer Baustelle nähert. Sobald ein Parkplatz in der Umgebung frei wird, erscheint dieser zeitgleich auf dem Display im Cockpit. Vernetzen plus Carsharing reduzieren die Anzahl der Verkehrsteilnehmer. Elektro- statt Verbrennungsmotor bedingen eine ruhigere und emissionsfreie Fahrweise. Im Prinzip geben und nehmen Autos Daten. Das Versenden der Daten geschieht möglichst ohne Daten-Speicherung. Das wäre ein Ausweg, den Verkehr von heute und die Steigerungen ohne mehr Straßen bauen zu müssen, in den Griff zu bekommen. Die Technik ist heute bereits möglich, es gibt aber noch viele Hürden, die von Genehmigungen und Gesetzen abhängig sind.

Wenn dann irgendwann die vernetzten LKWs als Kolonne von alleine über die Autobahnen rollen, wird es wohl auch für das individuelle Fahrzeug Systeme geben, damit sich der Fahrer beim Fahren relativ gelassen dem Verkehrsfluss ergeben kann, ohne ständig eingreifen zu müssen. Wann wir alle nur noch „stressfreie Beifahrer" sind, steht in den Sternen geschrieben, fühlt sich jedoch jetzt schon zum Greifen nah an.

Über den Autor

Klaus Kampmann, geboren 1962 in Sindelfingen, hat über 20 Jahre Erfahrung als Referent internationales Marketing und Training in einem Technologie-unternehmen gesammelt.

Seit 2006 ist er Inhaber von Kampmann Coaching und unter-stützt als Stresslöse-Spezialist Unternehmer und Unterneh-men bei der persönlichen positiven Weiterentwicklung.
Hierzu vermittelt er funktionierende Konzepte, die innerhalb kurzer Zeit gelernt werden können und nachhaltig wirken. Er ist bekannt aus TV, Radio und Zeitung. Zahlreiche Referenzen seiner Kunden, dazu gehören DAX-100- und DOW-30-Konzerne, bestätigen die hohe Wirksamkeit seiner Methoden.

Er ist zertifizierter Mittelstandsberater des IBWF Institut für Betriebsberatung, Wirtschaftsförderung und -forschung e.V. Zudem ist er aktives Mitglied im DACH-Verband der Positiven Psychologie.

Sein Credo: Geniale Gelassenheit

Möchten Sie dieses Buch oder Teile davon als individuelle Firmenausgabe verwenden oder ein Seminar buchen, dann kontaktieren Sie Klaus Kampmann über www.kampmann-coaching.de. Auf der Homepage finden Sie weitere Infos, Bücher und Beratungsthemen.

Schlusstipp

Dies ist eine schwäbische Erfindung,
denn sie koschtet nix, bringt aber viel!

Immer wenn Sie jemanden sehen, der lächelt,
dann lächeln Sie sofort zurück. Das verbindet.

Immer wenn Sie jemanden sehen, der nicht lächelt,
dann seien Sie der Erste, der es tut.

Spüren Sie das wunderbare Gefühl,
jemanden zu einem Lächeln bewegt zu haben!

Tun Sie es im Straßenverkehr oder
sonstwo, tun Sie es täglich.

Notizen:

Was möchten Sie verbessern?

Zeitfracht Medien GmbH
Ferdinand-Jühlke-Straße 7
99095 Erfurt, Deutschland
produktsicherheit@kolibri360.de